10 Lições sobre
HUME

Dados Internacionais de Catalogação na Publicação (CIP)
(Câmara Brasileira do Livro, SP, Brasil)

Pequeno, Marconi
  10 lições sobre Hume / Marconi Pequeno. 2. ed. –
Petrópolis, RJ : Vozes, 2014. – (Coleção 10 Lições)
  Bibliografia

  1ª reimpressão, 2017.

  ISBN 978-85-326-4401-5

  1. Filosofia inglesa 2. Hume, David, 1711-1776
I. Título. II. Série.

12.07202   CDD-192

Índices para catálogo sistemático:
1. Filósofos ingleses : Biografia e obra 192

Marconi Pequeno

10 Lições sobre
HUME

Petrópolis

© 2012, Editora Vozes Ltda.
Rua Frei Luís, 100
25689-900 Petrópolis, RJ
www.vozes.com.br
Brasil

Todos os direitos reservados. Nenhuma parte desta obra poderá ser reproduzida ou transmitida por qualquer forma e/ou quaisquer meios (eletrônico ou mecânico, incluindo fotocópia e gravação) ou arquivada em qualquer sistema ou banco de dados sem permissão escrita da editora.

CONSELHO EDITORIAL

Diretor
Gilberto Gonçalves Garcia

Editores
Aline dos Santos Carneiro
Edrian Josué Pasini
Marilac Loraine Oleniki
Welder Lancieri Marchini

Conselheiros
Francisco Morás
Ludovico Garmus
Teobaldo Heidemann
Volney J. Berkenbrock

Secretário executivo
João Batista Kreuch

Editoração: Maria da Conceição B. de Sousa
Diagramação: Sheilandre Desenv. Gráfico
Capa: Célia Regina de Almeida
Ilustração de capa: Omar Santos

ISBN 978-85-326-4401-5

Editado conforme o novo acordo ortográfico.

Este livro foi composto e impresso pela Editora Vozes Ltda.

Sumário

Introdução, 7

Primeira lição – Hume: vida e obra, 13

Segunda lição – Temas fundamentais da filosofia de Hume, 25

Terceira lição – A natureza do conhecimento humano, 37

Quarta lição – O ceticismo, 51

Quinta lição – Liberdade e necessidade, 61

Sexta lição – As paixões, 73

Sétima lição – A filosofia moral, 89

Oitava lição – A justiça, 111

Nona lição – A teoria política, 127

Décima lição – A filosofia da religião, 139

Considerações finais, 155

Referências, 161

Introdução

David Hume é reconhecido por muitos como o maior dos filósofos britânicos. Trata-se, sem dúvida, do mais representativo expoente do iluminismo escocês do século XVIII, movimento que congrega, dentre outros luminares, Francis Hutcheson, Thomas Reid e o eminente filósofo e economista Adam Smith. Embora tenha se tornado célebre por sua filosofia, Hume foi historiador e economista, áreas cujos escritos obtiveram também prestígio e notoriedade. Seu campo de interesse abrangia ainda a política e a religião, tendo oferecido inúmeras contribuições relevantes à compreensão desses temas.

Hume escrevia para o seu tempo. Mais ainda, ele escrevia para o público de sua época e não necessariamente para os especialistas e iniciados das academias. Seu cuidado estilístico foi aprimorado sempre pela necessidade de se fazer entender por leitores sem *pedigree* intelectual. A profusão de exemplos contidos em seus textos revela o seu interesse pela clareza e inteligibilidade. A "simplificação" que ele empreende ao *Tratado da natureza humana*, sua obra maior, após constatar que suas construções tornaram o texto inacessível ao grande público, traduz o seu cuidado em fazer anunciar as suas ideias e, mais ainda, o seu propósito em tornar compreensível sua filosofia. Esse desejo de clareza não nos impede de constatar imprecisões, incongruências ou mesmo paradoxos em algumas passagens de seus textos, sobretudo porque, em muitos casos, faltava-lhe o conhecimento detalhado de fenômenos que somente puderam ser elucidados bem depois de sua filosofia vir à luz. Como poderemos ver ao longo destas *Lições*, em muitas situações resta evidente que as intuições filosóficas de Hume o colocam à frente do seu tempo.

No âmbito filosófico, sua obra tornou-se fonte irradiadora de novas ideias, mas também foi alvo de detratores que a viam como uma arma de destruição dos pilares do pensamento ocidental: a metafísica, a razão e a teologia cristã. Ao radicalizar o empirismo e fundar as bases de um novo ceticismo, Hume foi apontado como um sujeito nocivo ao bem-estar da filosofia. Sua obra pouco seduziu e muito escandalizou os seus contemporâneos. Suas ideias sofreram perseguição e suas posições filosóficas causaram dissabores aos partidários do dogmatismo e, sobretudo, aos guardiões de uma tradição que ele fazia questão de negar.

Ao demonstrar a incapacidade de a razão fundar as bases do conhecimento, da moral e da religião, o filósofo escocês abalava as convicções de um tempo marcado pela hegemonia do logocentrismo e pela crença na infalibilidade do pensamento. Hume não nega a razão; ele apenas a deflaciona e a desaloja de sua redoma, até então quase indevassável. Em seu lugar, ele instaura o reino das sensações. Eis o que o torna uma espécie de argonauta da imaginação, de arauto das paixões. Para ele nada do que é sensorial deve nos ser estranho. Somos *homo sentiens*, antes de nos tornar *homo sapiens*. "A razão é escrava das paixões", dizia ele com a coragem dos sábios. Hume, com isso, confere uma nova dignidade a nossa experiência de mundo e nos coloca em face das sensações que nos animam. "Sinto, logo existo", poderia ele dizer como uma retaliação possível ao cogito cartesiano e ao seu culto exacerbado nos poderes da razão.

Nossas crenças e juízos, nossas operações intelectuais e construções racionais, decorrem da experiência dos sentimentos, assim considerava o filósofo. Ninguém poderia, em pleno século XVIII, afirmar isso impunemente. O ostracismo e os dissabores existenciais vividos pelo filósofo atestam o quanto sua iconoclastia gerou tumulto e perplexidade entre seus contemporâneos. Hume não inventou o sensível, ele apenas recupera seu sentido e lhe confere nobreza. Da mesma forma, nele encontramos os fundamentos de uma psicologia moral e também do utilitarismo hedonista em matéria de conduta humana. Hume tornou-se ainda um implacável crítico da noção de causalidade como produto da inferência indutiva e, ao mesmo tempo, um defensor da experiência e do hábito como instâncias determinantes das nossas construções cognitivas. Eis mais um elemento da heresia filosófica promovida pelo autor: nada ocorre na mente que não passe antes pelos sentidos.

A filosofia de Hume repousa sob o signo da ousadia. Mas não se trata de uma postura destinada a causar escândalos ou insuflar de polêmica a cena filosófica do seu tempo. Hume revolve corajosamente o húmus de uma tradição adormecida no leito de suas certezas. E ele o faz com uma erudição poucas vezes vista ao longo da história das ideias. Sem se intimidar diante das ameaças e perseguições sofridas pelo seu espírito insurgente, ele teve a coragem de afrontar os dogmas religiosos alimentados pela teologia de sua época, de reduzir o racionalismo ao seu verdadeiro tamanho e até mesmo de fazer ruir as bases do empirismo de Locke e Berkeley, notórios inspiradores do seu pensamento. Finalmente, ao despertar Kant do seu "sono dogmático" abrindo-lhe os olhos para o papel da intuição sensível em matéria de conhecimento, Hume demonstra a pujança de suas ideias e a força que suas convicções empreenderam ao movimento da filosofia que o sucedeu.

Com Hume, o sujeito viu-se devolvido à facticidade de sua condição originária, isto porque ele passou a ser compreendido como um ser imerso nas contingências da vida, desnudado dos artificialismos e das construções ficcionais da razão. Trata-se, pois, de um animal dotado de faculdades e aptidões peculiares, mas que jamais deixa de ser regido por apetites, inclinações e paixões. Eis por que o indivíduo passa a ser estudado sob o enfoque fornecido pelos métodos empregados nas ciências da natureza. Hume teria sido, como sugere Anthony Quinton, o Newton das ciências morais. Para ele, as evidências morais são análogas às evidências naturais, de modo que não podemos entender o que se passa na mente sem levar em conta as manifestações psicossomáticas que determinam suas atividades e estados.

O pensamento de Hume torna-se mais importante à medida que encontramos nele o pressuposto de inúmeras descobertas contemporâneas sobre os elementos sensoriais que determinam nossa maneira de pensar e agir. Algumas de suas intuições foram corroboradas pelas descobertas levadas a efeito pela psicologia moral, pelas teorias de inspiração evolucionistas e pelas ciências cognitivas acerca das influências que as experiências sensoriais (emoções, paixões, sentimentos) exercem sobre o comportamento moral do sujeito. Assim, depois de sofrer o anonimato oriundo da incompreensão de suas ideias e de viver a perseguição motivada pelo teor de suas convicções, Hume tem a chama de sua filosofia reacesa por uma contemporaneidade que, finalmente, soube reconhecer a riqueza e o valor do seu legado.

Primeira lição
Hume: vida e obra

David Hume nasceu em Berwickshire, próximo de Edimburgo, na Escócia, em 1711[1], no seio de uma família pertencente à aristocracia fundiária. O seu pai, que faleceu quando Hume tinha apenas dois anos de idade, era formado em Direito e exercia sua profissão em conjunto com a administração de uma grande propriedade que possuía na cidade de Ninewells e que já pertencia à sua família desde o século XVI. A mãe de Hume, Catherine, era filha de David Falconer, magistrado que, durante muito tempo, assumiu a presidência do Supremo Tribunal

---

1. Há muitas controvérsias sobre a data precisa de nascimento do filósofo. José Sotero Caio, por exemplo, no prefácio do *Resumo do tratado da natureza humana* (1995, p. XIII), afirma que o nascimento de Hume se deu em 26 de abril de 1711. Enquanto isso, André Vergez (*David Hume*, 1984, p. 9), e Alfred J. Ayer (*Hume*, 1981, p. 15) afirmam que o mesmo nasceu em 26 de agosto daquele ano. E, por fim, Leonardo Porto (*Hume*, 2006, p. 7s.) assegura que o filósofo veio à luz em 7 de maio do referido ano. Essa controvérsia se deve à existência de mais de um calendário à época. Finalmente, o próprio Hume, em sua autobiografia, sustenta ter nascido "no dia vinte e seis de abril, 1711, segundo o velho calendário" (David Hume. *Minha vida,* 2006, p. 49).

da Escócia. David Hume era o mais novo dos três filhos do casal, cuja educação foi baseada na rígida doutrina calvinista adotada por sua mãe. Na sucinta biografia que escreveu no ano de 1776, poucos meses antes de falecer, intitulada *My Own Life* (*Minha própria vida*), Hume se orgulhava do fato de pertencer a uma família de grande prestígio e reputação.

Ao completar 12 anos, Hume ingressou no *College* de Edimburgo, lá permanecendo durante quatro anos, período em que começou a entrar em contato com a obra dos autores clássicos, como Virgílio, Cícero, Horácio, bem como a ler os escritos de eminentes representantes da literatura inglesa da época, como é o caso de Jonathan Swift, John Milton, Alexander Pope. Nesse mesmo período, Hume passou a se interessar pela produção filosófica do seu tempo, a exemplo dos escritos de Samuel Clarke e Pierre Bayle, e de seus antecessores John Locke e Thomas Hobbes. Nessa época, o estudo das Letras compreendia as matérias de Grego, Lógica, Metafísica e Filosofia Natural, permitindo ao jovem Hume entrar em contato com os trabalhos de Isaac Newton e Robert Boyle, fato este que influenciará decisivamente a formulação de suas ideias.

Ao regressar a Ninewells, Hume foi instado pela sua família a se dedicar aos estudos das ciências jurídicas, porém o contato com as filosofias, as letras e as ciências naturais o fez resistir a tais apelos e continuar a sua marcha pelos caminhos das humanidades[2].

Seguindo seu percurso de estudos e descobertas, Hume, em 1729, com apenas 18 anos de idade, começou a elaborar aquela que seria considerada como a sua mais densa e instigante obra: *A Treatise of Human Nature* (*Tratado da natureza humana*). A sobrecarga de trabalho e a excitação mental provocada por suas descobertas filosóficas acabaram por afetar a sua saúde, fazendo com que ele arrefecesse seu esforço intelectual a fim de prevenir os ataques de depressão nervosa e as alterações cardíacas que o atingiam.

Em 1734, depois de ter atenuado suas intensas jornadas de estudo, Hume parte da Escócia em direção a Bristol, na Inglaterra, a fim de assumir um emprego nos escritórios de uma firma de comércio

---

2. Acerca de sua vocação para as humanidades, eis o que diz Hume: "[...].fui desde muito cedo tomado por uma paixão pela literatura, que tem sido a paixão dominante de minha vida e a fonte principal de meus prazeres. Minha disposição para os estudos, minha sobriedade e a inteligência que revelava, levaram minha família a pensar que o Direito fosse uma profissão adequada para mim; mas eu sentia uma aversão profunda por tudo que não fosse objeto da filosofia e da literatura. E, enquanto eles imaginavam que eu lia atentamente Voet e Vinnius, eram Cícero e Virgílio os autores que, em segredo, eu devorava" (David Hume. *Minha vida*, 2006, p. 50). Sobre outros aspectos da vida de Hume, cf. Ernest Campbell Mossner. *The Life of David Hume*, 1980.

de açúcar. Logo em seguida, ao se sentir frustrado com uma atividade que julgava incompatível com seus interesses, Hume resolve retomar os estudos necessários à elaboração do seu *Tratado* e, para tanto, realiza uma viagem ao interior da França, se instalando em La Flèche (Anjou), e frequentando o mesmo colégio jesuíta onde, um século antes, René Descartes (1596-1650) havia estudado. Este período de reclusão permitiu-lhe ampliar seus estudos e enriquecer suas ideias filosóficas com a ajuda do riquíssimo acervo da biblioteca de La Flèche.

Após três anos de intensa pesquisa, a maior parte da obra já estava escrita, e, no outono de 1737, Hume regressa a Londres a fim de encontrar um editor que demonstrasse interesse em publicá-la. Depois de muitas tentativas e de inúmeros fracassos, o filósofo finalmente consegue, em janeiro de 1739, a publicação de uma edição de mil exemplares contendo os primeiros volumes intitulados *Of the Understanding* (*Do entendimento*) e *Of the Passions* (*Das paixões*), tendo, para tanto, recebido 50 libras e doze exemplares encadernados. A obra foi publicada anônima com o título geral de *A Treatise of Human Nature: Being an Attempt to Introduce the Experimental Method of Reasoning into Moral Subjects* (*Tratado da Natureza Humana: uma tentativa de introduzir o método experimental de raciocínio nos assuntos morais*). O terceiro volume, intitulado *Of morals* (*Da Moral*), ainda não havia sido concluído no momento da publicação e seu aparecimento somente ocorreu no ano seguinte, em novembro de 1740.

O *Tratado* foi recebido com frieza e indiferença por alguns, tendo, ainda, passado quase despercebido pela maior parte do público inglês. Este fato chocou Hume, que, decepcionado, assim justificou o malogro: "a obra foi criticada como obscura e de difícil compreensão [...] e tal crítica procede tanto da extensão quanto da abstração do argumento"[3]. Em face das críticas desfavoráveis e da ausência de entusiasmo com que foi recebida, a publicação do *Tratado* apenas lhe trouxe decepção e amargura[4].

Mesmo vivendo a desolação do fracasso, Hume continuava a escrever com intensidade e empenho, tendo retornado à Escócia em 1742, ano em que publica a primeira parte de seus *Ensaios morais, políticos e filosóficos*, obra esta que, em virtude de suas construções mais simples e diretas, tinha um apelo mais popular, o que, finalmente, lhe conferiu a notoriedade que ele tanto almejava. Mas o *Tratado*

---

3. David Hume. *Resumo do tratado da natureza humana*, 1995, p. 27. Ainda sobre a recepção do Tratado e como isso repercutiu sobre a vida de Hume, cf. Barry Stroud. *Hume*, 1977.

4. Entre os poucos leitores que bem recepcionaram o *Tratado* encontram-se dois eminentes filósofos do século XVIII: Francis Hutcheson (1694-1746) e Adam Smith (1723-1790).

ainda acarretava efeitos em sua vida. Em virtude de nele conter ideias consideradas ofensivas à religião, Hume viu-se vítima de perseguições e censuras por parte de instituições eclesiásticas e universitárias, tendo sido, por exemplo, impedido, em 1744, de assumir o cargo de professor na Universidade de Edimburgo, sob a alegação de que era herético e ateu. Em face das dificuldades financeiras acentuadas pela referida recusa acadêmica, Hume aceita o convite para ser tutor do marquês de Annandalle tendo, logo em seguida, viajado como secretário do General Saint-Clair numa malograda expedição militar contra a França, em 1746.

Após servir como ajudante nas embaixadas de Viena e Turim, Hume resolve retomar seus estudos filosóficos. Assim, ao concluir que o que o problema do *Tratado da natureza humana* não se referia ao seu conteúdo, mas à forma de sua exposição e à densidade abstrata de suas ideias, Hume volta-se para a tarefa de encurtar o texto, redimensionar alguns argumentos e conferir à obra um estilo mais leve e inteligível, a fim de torná-la mais acessível ao grande público. Com isso, ele extrai dali três outras obras mais curtas, nas quais, segundo ele, procurou privilegiar a clareza das ideias. Assim, em 1748, ele publica *An Enquiry Concerning Human Understanding* (*Investigação acerca do entendimento humano*) e, no mesmo ano, uma versão ampliada de seus *Ensaios morais e políticos*.

Ao retornar a Ninewells, em 1749, Hume reescreve a terceira parte do *Tratado da natureza humana*. Desse trabalho resulta *An Enquiry concerning the Principles of Morals* (*Investigação sobre os princípios da moral*), obra publicada em 1751[5]. Por fim, somente mais tarde, em 1757, virá a público a *On the Passions* (*Dissertação sobre as paixões*).

Em 1752, Hume é nomeado Conservador da Biblioteca Central dos Advogados, em Edimburgo. Não obstante ressaltar a baixa remuneração que receberia pelo seu trabalho, Hume aceita o posto justificando o privilégio de possuir uma biblioteca inteira à sua disposição. Neste ambiente ele realiza um exaustivo estudo sobre a *História da Inglaterra*, cujos seis volumes, publicados somente em 1778, são tidos ainda hoje como obras de referência sobre a formação histórica daquele país até aquele período[6].

---

5. Neste período, Hume escreveu os *Discursos políticos* e também aquela obra que somente viria a ser publicada após a sua morte, *Diálogos sobre a religião*, em 1779.

6. Trata-se da única obra não filosófica produzida pelo autor, mas que adquiriu uma grande repercussão em virtude da precisão das análises e da profundidade das ideias lá contidas. Mesmo nesta obra de conteúdo histórico, que incluía desde a invasão de Júlio César à Revolução Gloriosa de 1688, Hume levou o problema moral e filosófico ao universo dos reinos e das épocas. Monique Canto-Sperber. *Dictionnaire d'éthique et de philosophie morale*, 1996, p. 674.

A publicação de mais alguns ensaios sobre a política (todos reunidos na edição completa dos *Ensaios morais, políticos e filosóficos*), junto com os primeiros volumes da *História da Inglaterra* (1754-1762), tornam o filósofo famoso não só na Grã-Bretanha, mas também no continente europeu.

Todavia, mesmo depois de atingir, com seus ensaios e, principalmente, com a sua *História da Inglaterra*, a fama literária tão desejada, Hume ainda se via rechaçado pelas universidades escocesas nas quais tentou obter um posto de professor, pois tais Instituições continuavam sendo marcadas por uma forte tradição cristã que repudiava o ceticismo da teoria do conhecimento por ele proposta e, sobretudo, a tessitura antirreligiosa de alguns de seus escritos.

As críticas de Hume à religião também afastaram o autor da convivência com alguns autores do seu tempo. Sua obra *História natural da religião*, na qual ele demonstra que as religiões instituídas trouxeram mais prejuízos do que benefícios à humanidade, atraiu a ira de teólogos e de muitos professores universitários.

Vendo-se alijado de direitos civis em seu próprio país, David Hume, respondendo ao apelo do Lord Hertford, então embaixador da Inglaterra em Paris, parte novamente para a França, onde irá exercer, durante os anos de 1763 a 1766, as funções de secretário daquela embaixada. Naquele país, Hume conheceu diversos intelectuais, dentre os quais se destacavam Jean D'Alembert, Denis Diderot e Jean-Jacques Rousseau. Com este Hume viveu uma amizade marcada por turbulências e conflitos.

Quando Hume, em 1766, deixou Paris e voltou a Edimburgo, Rousseau (1712-1778) acompanhou-o. Este vivera na Suíça, mas suas ideias religiosas heterodoxas geraram muita animosidade naquele país. De início ambos viviam uma relação harmônica e amistosa, marcada por sentimentos de amizade e admiração mútuos. Porém, logo em seguida, aquilo que para muitos seria uma das marcas da personalidade de Rousseau, a paranoia, revelou-se em toda a sua plenitude. Com efeito, as desconfianças, as manias persecutórias e as tendências psicóticas do filósofo suíço acabaram por suscitar um rompimento público da amizade entre os dois, fazendo com que Rousseau, após tal ruptura, regressasse imediatamente à França[7].

Depois de novamente se instalar em Edimburgo, no ano 1769, Hume já experimentava uma situação de conforto e opulência materiais, pois tinha um rendimento de mil libras anuais, uma soma fabulosa para a realidade econômica da época. Com

---

7. Cf. David Edmonds e John Eidinow. *O cachorro de Rousseau: como o afeto de um cão foi o que restou da briga entre Rousseau e David Hume*, 2008.

um excelente padrão de vida assegurado, Hume passou a usufruir de uma vida social intensa, mas se eximiu de assumir qualquer atividade pública, pois sua filosofia continuava a ser duramente atacada pelos seus detratores. Nesse período, o filósofo dedica-se à revisão dos seus *Dialogues Concerning Natural Religion* (*Diálogos sobre a religião natural*). Tal obra, na qual ele critica implacavelmente o deísmo filosófico de sua época, somente foi publicada postumamente, no ano de 1779, e ao que tudo indica pelo sobrinho de Hume. Ademais, o autor foi convencido a não divulgar tais *Diálogos* em vida. Entretanto, nem seu editor, nem, tampouco, o seu grande amigo Adam Smith, a quem Hume havia incumbido a missão de torná-la pública, tiveram a coragem de fazê-lo após a morte do filósofo, pois as repercussões do escândalo provocado pelo seu conteúdo poderiam manchar ainda mais a reputação do autor e também trazer muitos dissabores a quem ousasse publicá-la.

Durante o período de 1770 até 1775, Hume sofreu inúmeros reveses em seu estado de saúde, tendo enfrentado várias enfermidades que, aos poucos, o debilitavam. Na primavera de 1775, seu estado de saúde se agravou a ponto de levá-lo à morte em 25 de agosto de 1776, aos sessenta e cinco anos, ao que tudo indica vitimado por um tumor no fígado.

A morte de Hume, recebida com alívio por muitos e sentida com tristeza por alguns, foi o ponto de culminação de uma existência inteligente e virtuosa. Ao comentar sua morte, o amigo Adam Smith assim falou: "de um modo geral, sempre considerei, quer durante a vida quer depois de morto, que Hume encarnava, tanto quanto a fragilidade humana o permite, a ideia que fazemos de um homem inteligente e virtuoso"[8]. De fato, ao longo da vida, o filósofo revelou-se sempre um indivíduo de caráter pacífico e avesso a toda e qualquer participação em controvérsias quer públicas, quer privadas, embora não lhe faltasse coragem para assumir as suas próprias convicções. A vida de David Hume evidencia e prova, em grande medida, a descrição que ele fazia de si próprio como tendo sido: "um homem de disposição cordial, senhor de si mesmo, de humor franco, social e jovial, capaz de amizade, mas pouco suscetível a inimizade e de grande moderação em todas as minhas paixões"[9]. A importância e a grandeza do seu legado filosófico revelam que David Hume, além de ter sido um homem de inegáveis virtudes morais e intelectuais, continua a ocupar um lugar de honra no panteão dos grandes filósofos ocidentais.

---

8. Adam Smith, apud Alfred Ayer. *Hume*, 1981, p. 40.

9. David Hume. *Minha vida*, 2006, p. 59.

Segunda lição
Temas fundamentais da filosofia de Hume

David Hume é um dos mais importantes pensadores da história das ideias, sendo ainda considerado por muitos como o maior dos filósofos britânicos. A profundidade e a amplitude de sua obra o colocam, sem dúvida, na galeria dos grandes filósofos de todos os tempos. Sua reflexão se estende pelos domínios da religião, da economia, da história, da teoria política, tendo ainda tratado de questões específicas como a **imortalidade da alma**, o **suicídio** e a **liberdade**. Seu legado é o ponto alto da tradição empirista dominante na filosofia britânica que se inicia com Guilherme de Ockham (1280-1349), entre os séculos XIII e XIV, passa por Francis Bacon (1561-1626), Thomas Hobbes (1588-1679), John Locke (1632-1704) e George Berkeley (1685-1753), prosseguindo depois dele com Jeremy Bentham (1748-1832) e J. S. Mill (1806-1873) e, finalmente, culmina na filosofia analítica do século XX e no empirismo lógico[10], nas figuras de George Moore (1852-1933), Bertrand Russell (1872-1970), Ludwig Wittgenstein (1889-1951) e no chamado Círculo de Viena, corrente filosófica que congregava autores como Rudolf Carnap (1891-1970), Moritz Schlick (1882-1936) e Otto Neurath (1882-1945), dentre outros. Assim, em face da consistência de muitas de suas ideias e da abrangência dos temas que sua filosofia aborda, o pensamento de Hume se faz ainda presente em muitas teorias contemporâneas.

A filosofia humeana, inicialmente, propõe-se a analisar a relação que as diversas áreas do co-

---

10. A filosofia analítica baseia-se na ideia de que exercício filosófico deve, preliminarmente, se ocupar da análise do significado dos enunciados, ou seja, do conteúdo lógico das proposições que utilizamos em nossa linguagem. Inspirando-se inicialmente nos trabalhos de Gottlob Frege (1848-1925), os filósofos analíticos como Bertrand Russell, George Moore e Ludwig Wittgenstein formularam ideias que serviram de base para o surgimento do empirismo lógico ou neopositivismo que, tal como fizera a tradição analítica antecedente, defendia o formalismo lógico, a valorização da experiência em matéria de conhecimento e o emprego da investigação linguística como ponto de partida da filosofia. Hume influenciou decisivamente essas duas correntes, sobretudo porque seus autores renegaram as explicações metafísicas, reconheceram o valor da experiência na constituição do conhecimento e preservaram a clivagem ontoaxiológica de origem humeana entre ser e dever-ser. Acerca das influências e marcas do pensamento humeano na contemporaneidade, cf. John Mackie. *Hume's Moral Theory*, 1980, e Yves Michaud. *Hume et la fin de la philosophie*, 1983.

nhecimento estabeleceram com o que se denomina de **natureza humana**, pois, para o filósofo, não é possível acompanhar o desenvolvimento do conhecimento sem conhecer a extensão e as forças do entendimento, a natureza das ideias e as operações que o sujeito realiza ao pensar. Trata-se, pois, de encontrar a constituição e os pressupostos do entendimento, condição de toda ciência possível. O princípio formador dessa faculdade encontra-se no mundo empírico, lugar onde atuam as nossas experiências sensoriais. Eis, em breves linhas, a matriz do **empirismo** defendido por Hume.

Observa-se que Hume é um empirista em dois aspectos. A princípio, ele é assim designado porque considera a filosofia uma ciência empírica, cuja base fundamental de constituição encontra-se na **experiência**. Tal posição é anunciada no subtítulo do seu *Tratado*: "uma tentativa de introduzir o método experimental de raciocínio em assuntos morais". Considerando-se que o método experimental é a diretriz que orienta os estudos de Newton, e que este influenciou o autor do *Tratado*, parece razoável atribuir a Hume a ambição de ser "o Newton das ciências humanas". Seu método, de fato, confirma essa intenção, na medida em que ele procura mostrar como o complexo detalhamento da nossa vida intelectual vai se produzindo a partir da associação de seus elementos primitivos, os chamados "átomos de pensamento"[11], que ele designa de **impressões** e **ideias**. Assim, enquanto Newton, na visão de Hume, havia explicado o universo material mediante o princípio da atração gravitacional, o objetivo do filósofo escocês é explicar o funcionamento da mente por meio de uma lei de associações. Todavia, o título de empirista que lhe é atribuído não decorre apenas do fato de ele ter estabelecido as bases de uma psicologia cognitiva fundada em princípios associacionistas.

Na verdade, Hume é um empirista em uma acepção mais peculiar, isto é, ao defender que toda matéria-prima de nossos pensamentos e crenças provém da nossa experiência sensorial e intros-

---

11. As ideias e impressões subdividem-se em simples, se não comportam separação, ou complexas, se é possível desdobrá-las em partes menores. A noção de ideias e impressões simples reflete o que Gilles Deleuze chama de "atomismo espiritual" de Hume. Segundo esse modelo, a mente seria constituída por ideias e impressões elementares mutuamente relacionadas, com prevalência das últimas sobre as primeiras. Assim, por exemplo, a percepção complexa de uma maçã, de acordo com a proposta de Hume, decompõe-se em impressões mais simples concernentes ao aroma, ao sabor e à cor que ela possui (Gilles Deleuze. *Empirismo e subjetividade*: *ensaio sobre a natureza humana segundo Hume*, 2001, p. 18). Acerca dos pressupostos do empirismo e de suas múltiplas configurações, cf. Alfred Ayer. *The Foundations of Empirical Knowledge*, 1964.

pectiva[12]. Em outras palavras, segundo ele, nossos pensamentos são desprovidos de conteúdo e nossa linguagem carece de significação, a menos que estejam conectados com a experiência. Com isso, ele sustenta que a maior parte de nosso conhecimento, bem como de nossas crenças prováveis, funda-se na experiência. A filosofia, enquanto ciência da natureza humana, deve, pois, se ocupar primordialmente em estudar como se origina e opera tal entendimento. Com efeito, Hume afirma que a filosofia é a primeira ciência, ou a ciência mestra, posto que trata da origem e constituição de todo conhecimento possível, enquanto as demais ciências aparecem como obras do entendimento humano, que é o objeto próprio da investigação filosófica. Por conseguinte, o estudo do entendimento humano se revela anterior a todos os outros temas de relevância filosófica.

Aqui, mais uma vez, a figura de Isaac Newton torna-se paradigmática, pois seus estudos no campo das chamadas ciências da natureza, em especial

---

12. Norman K. Smith e Don Garrett afirmam que o empirismo de Hume é multifacetado, podendo nele serem encontrados os seguintes caracteres: metodológico, conceitual, nomológico, explanatório e redutivista. Cf. Norman K. Smith e Don Garrett. *The Philosophy of David Hume*, 2005. Ainda sobre a teoria do conhecimento humeana, cf. Don Garrett. *Cognition and Commitment in Hume's Philosophy*. 1996

da física, possibilitam a construção de uma epistemologia baseada na apreciação dos fatos empiricamente demonstráveis. A preocupação com o estudo objetivo da realidade natural impõe a todos que desejam estudar a sociedade e suas formas de constituição o emprego dos mesmos recursos metodológicos. Assim, Hume se apropria de certos preceitos metodológicos empíricos para analisar não apenas a estrutura do entendimento, mas também o funcionamento da sociedade, e, a partir daí, elaborar uma teoria sobre aquilo que considera fundamental para a construção do bem-estar social: a formação artificial dos princípios de **justiça** e sua necessária relação com o **Direito**, o **Estado** e a preservação da **propriedade privada**. Elementos dos quais trataremos em outras lições[13].

Hume é frequentemente apresentado como o filósofo que completa o movimento iniciado por John Locke, em 1690, com a publicação do *Ensaio sobre o entendimento humano* e continuado por George Berkeley, cujo *Tratado do conhecimento*

---

13. A filosofia política de Hume, bem como a sua reflexão sobre a justiça e o direito, estão intimamente ligadas à sua teoria do conhecimento e, sobretudo, à sua filosofia moral. Com isso, o filósofo conduz o empirismo e suas implicações até a esfera da moral, do direito e da religião. Sobre essas características do seu pensamento, cf. Antonio Truyol y Serra. *História da filosofia do direito do Estado*, 1990.

humano apareceu em 1710, ano imediatamente anterior ao do nascimento de Hume. A principal ideia deste movimento refere-se à impossibilidade de o homem ter algum conhecimento do mundo diferente daquele que resulta da experiência. Esta noção vai sendo aos poucos desenvolvida e assume um novo contorno: a experiência consiste, tal como preconiza John Locke, na sensação e na reflexão. As operações da mente (que são os objetos da reflexão) são dirigidas apenas para o material ou para a própria transformação do material fornecido pelos sentidos; e o material fornecido pelos sentidos é constituído por "elementos atômicos", tais como as cores, as sensações corpóreas, os sons, os cheiros, os sabores.

Locke elabora, com isso, uma imagem do mundo físico que estava em consonância com as teorias científicas do seu tempo. Nessa perspectiva empirista, Locke parte da noção de *ideias simples* e as divide em duas categorias: a primeira representada por ideias tais como solidez, número e extensão. Estas aparecem como efeitos das ações dos objetos físicos sobre a nossa mente, gerando a percepção que deles temos; e a segunda seria constituída por ideias como as de cor ou de gosto, que não passavam de meros efeitos das primeiras. Com isso, ele as subdividia em "ideias de qualidades primárias" e "ideias de qualidades secundárias". Em ambos os casos, as qualidades eram conferidas aos objetos através da natureza e da atividade das suas "partículas mínimas". Porém, enquanto as qualidades primárias caracterizavam realmente os objetos, as chamadas qualidades secundárias se apresentavam como forças que tornavam aqueles capazes de produzir ideias em nós, desde que, claro, fossem dadas as condições adequadas. Eis, em breves linhas, em que consistia a teoria da percepção de Locke.

No entanto, Berkeley discordava dessa compreensão. Para ele, a distinção entre ideias de qualidades primárias e secundárias realizada por Locke se revelava inconsistente. Ele não via qualquer razão aceitável, partindo das premissas oferecidas por Locke, para acreditar sequer na existência isolada dos objetos físicos, isto é, naqueles objetos cuja existência independente da percepção que temos deles. Há elementos no mundo que não podem ser apreendidos ou repertoriados por nossas instâncias perceptivas, dizia Berkeley. Ademais, para ele, Deus seria suficiente não só para produzir as nossas ideias como também para justificar a existência das coisas, independentemente destas serem ou não objetos da percepção humana. Todavia, Berkeley, em sua condição de bispo anglicano, tinha interesses religiosos em sobrevalorizar o papel de Deus, ainda que, para tanto, deflacionasse o poder da percepção enquanto faculdade cognitiva humana.

A Hume coube o papel de criticar as teorias de Berkeley precisamente da mesma forma que este havia criticado as de Locke. Berkeley eliminou a matéria, pelo menos no que concerne à concepção dos físicos, mas deixou o espírito intacto. Hume, como um cético declarado, demonstrou que esta opção era absolutamente inconsistente, não encontrando ainda qualquer justificativa racional para acreditar na existência daquele Deus proposto por Berkeley.

Hume levou ainda mais longe o **ceticismo** ao criticar a noção de **causalidade** defendida por Locke e Berkeley, pois – ainda que cada um a sua maneira – eles haviam aceitado, sem verificação prévia, o conceito de **causalidade**. As diferenças entre ambos residiam apenas no fato de Locke admitir que havia relações de força entre as partículas físicas, ao passo que Berkeley atribuía ao espírito o monopólio da atividade causal. Já Hume, após debruçar-se sobre a análise da relação causa-efeito, concluiu que a ideia de força ou "atividade causal" não passava de um mito, na medida em que, segundo ele, não poderia haver qualquer conexão necessária entre eventos distintos. Tudo o que permanece, então, é uma série de percepções fugazes sem qualquer objeto externo, sem qualquer sujeito permanente a quem possam pertencer e sem que elas mesmas estejam ligadas umas às outras.

Todavia, essa posição de Hume foi duramente criticada por Thomas Reid (1710-1796), fundador da Escola escocesa do senso comum e sucessor de Adam Smith (1723-1790) na cátedra de Filosofia Moral na Universidade de Glasgow. Contrapondo-se ao ceticismo de David Hume, Reid afirmava que o mundo não é um labirinto misterioso e inexpugnável, mas sim é uma realidade ao nosso alcance, de modo que é sempre possível fazer julgamentos claros sobre aquilo que vemos. Ele acreditava ainda que o senso comum deveria ser a base de todo o pensamento filosófico. O erro principal, segundo Reid, consistia no fato de Locke e seus seguidores terem reduzido todo o procedimento a um só princípio: a hipótese de que aquilo que é imediatamente percebido, quer se chame ideia, como no caso de Locke, ou impressão sensível, como Hume preferia designar, é algo que não tem qualquer existência fora do momento de percepção em que se insere.

Contrariamente a Reid, Kant (1724-1804), em sua obra *Prolegômena* (1783), manifestou a sua admiração por Hume, por este ter interrompido o seu "sono dogmático" e ter dado às investigações no campo da filosofia especulativa um rumo completamente novo[14]. Convém ainda salientar que todo o esforço do projeto crítico de Kant, em sua

---

14. O título em português da obra é *Prolegômenos a toda metafísica futura que queira se apresentar como ciência*, 1989.

teoria do conhecimento, consistiu em tentar solucionar a questão sugerida por Hume: como deve proceder o conhecimento para que ele se torne possível? Compreender profunda e exaustivamente a natureza da razão pura, identificando seu alcance e limites, foi o programa que Kant se propôs realizar em suas obras mais célebres, quais sejam: *Crítica da razão pura* (1781), *Crítica da razão prática* (1788) e *Crítica da faculdade do juízo* (1790).

De Hume, Kant acolhe, sobretudo, a ideia segundo a qual todo conhecimento começa com as impressões sensoriais que ele chama de intuição sensível. A sensibilidade seria a instância responsável pelos dados imediatos e difusos que nos afetam, ou seja, as informações que coletamos por meio das sensações. Assim, não haveria conhecimento possível se não fôssemos dotados dessa faculdade que nos permite fundar as bases da nossa experiência cognoscente. O conhecimento, portanto, deve sempre se submeter à prova da experiência.

Mas Hume também não é um defensor cego da experiência, até porque o conhecimento é um processo que envolve descobertas e inovações, para o qual também concorrem nossas faculdades intelectuais. E, ainda que privilegie a sensibilidade em matéria de conhecimento, Hume jamais descarta o valor das operações racionais na constituição da nossa atividade cognitiva. Há, de qualquer forma, um equilíbrio cooperativo entre essas duas faculdades, ainda que o filósofo defenda a superveniência do princípio da observação e experimentação sobre as faculdades do entendimento e suas operações intelectuais.

Assim, contrariamente a Descartes (1596-1650) que afirmava a supremacia da razão e dos métodos racionais para alcançar a certeza e a verdade, Hume conduziu a sua reflexão visando delimitar os contornos do conhecimento humano a partir de bases sensoriais[15]. Como vimos, o seu pensamento enquadrou-se nas demais pretensões das filosofias empiristas inglesa e escocesa, ao mesmo tempo em que sua filosofia rompeu com o racionalismo dogmático de seus antecessores.

Com efeito, o empirismo humeano foi uma reação direta ao racionalismo do século XVIII. Assim, recusando-se a enaltecer os juízos lógicos, bem como o poder hegemônico da razão, Hume firmou-se como um cético empirista, levando às últimas consequências sua explicação acerca da origem do conhecimento pelos sentidos.

---

15. A filosofia de Hume, segundo Bertrand Russell, representa uma das mais vigorosas e contundentes críticas ao racionalismo no século XVIII. Ela fortalece, ainda que de modo diferente dos seus predecessores empiristas, as bases experimentais do conhecimento deflacionando, com, isso, o poder da razão. Cf. Bertrand Russell. *História da filosofia ocidental*, livro III, 1969.

Terceira lição

A natureza do conhecimento humano

O estudo da natureza humana é o ponto central da filosofia de Hume[16]. Este tema, como já indicamos, é investigado no *Tratado da natureza humana*, considerado como a mais célebre e representativa obra do filósofo britânico. Nela, o autor orienta seu esforço investigativo visando elucidar a seguinte questão: qual a origem e constituição do humano? Para responder a essa desafiadora indagação, Hume analisa as duas esferas fundamentais que definem a condição do homem: o entendimento e a sensibilidade. O estudo de tais elementos constitui, ademais, o conteúdo dos três livros fundamen-

---

16. João Paulo Monteiro considera que o naturalismo é uma das tendências dominantes do pensamento de Hume, na medida em que se trata de "uma filosofia que encara o homem como parte integrante da natureza e encontra nas forças e processos naturais a raiz da natureza humana, da capacidade de conhecer e da direção dos desejos do homem" (João Paulo Monteiro. *Hume e a epistemologia*, 2009, p. 17).

tais do seu *Tratado*[17]. No livro I, Hume se ocupa do entendimento, ou seja, da capacidade humana de conhecer. As paixões são o objeto do Livro II. Finalmente, o livro III é dedicado ao tema da moral. Do livro I nos ocuparemos nesta parte.

Vimos que, sob a influência da mecânica newtoniana, Hume pretende adotar o método instrumental em seu estudo acerca do funcionamento da mente. Com efeito, no livro I do *Tratado*, ele investiga a constituição da mente humana a partir de seus elementos e mecanismos de base. Trata-se, sobretudo, de determinar como deve se constituir o conhecimento para que ela seja possível. Aqui o problema do entendimento é ressaltado, sendo esta a chave para a compreensão de quem somos nós e do que significa o mundo em que vivemos. O conhecimento, diz Hume, não decorre de outra coisa senão da experiência. Eis aqui a fonte de todo processo cognitivo. Com isso, ele formula uma

---

17. O *Tratado da natureza humana* marcou definitivamente a história da filosofia, não apenas pela riqueza do seu conteúdo, mas também pela sua capacidade de oferecer subsídios teóricos ao debate contemporâneo sobre conhecimento, moral, direito, política e religião. As perspectivas filosóficas abertas por tal obra demonstram não apenas sua importância para a tradição filosófica ocidental, mas também revelam a sofisticação e o apuro intelectual da reflexão humeana, marcada por inquietações lancinantes e, sobretudo, por uma inquestionável coragem de afrontar as formas hegemônicas e tradicionais do pensamento filosófico.

explicação empirista de fenômenos, tais como espaço e tempo, causa e efeito, evidência natural e conexão necessária, ideias e impressões, elementos essenciais para se apreender o modo como opera o entendimento.

Para Hume, nossas ideias são cópias de nossas impressões, ou seja, dos dados empíricos que nos atingem por meio das sensações. As impressões seriam as marcas mais originais da experiência cognitiva. Eles representam a matéria imediata da consciência, isto é, a base sobre a qual todo o conhecimento poderia ser edificado. A ideia estaria indissociavelmente ligada a uma impressão, sendo esta a fonte de nossas elaborações mentais, a exemplo do raciocínio, do cálculo e da imaginação. Nossos estados mentais de caráter cognitivo (e não apenas estes!) encontram no suporte sensorial sua base de sustentação. Nada se constitui na mente sem que uma experiência sensitiva, por mais tênue e difusa que possa ocorrer, seja vivenciada. Para Hume, "quando uma impressão se torna presente a nós, ela não apenas conduz a mente às ideias com que está relacionada, mas também comunica-lhe parte de sua força e vividez[18].

---

18. David Hume. *Tratado da natureza humana*, 2001, p. 128. Hume considera que "uma opinião ou crença não é senão uma ideia forte ou vívida derivada de uma impressão presente a ela relacionada" (p. 135).

A defesa do empirismo e de sua perspectiva sensualista conduz Hume à crítica da noção de causalidade como inferência do espírito. A análise da ideia de causa, segundo o filósofo, se revela inapropriada, posto que ela ultrapassa a experiência imediata dos sentidos. O princípio da causalidade repousa sobre a noção de que as mesmas causas produzem sempre os mesmos efeitos. Assim, se lanço um corpo do alto de um edifício, infiro que ele cairá; se submeto um metal ao fogo presumo que ele se dilatará. De um efeito pode-se deduzir uma ou várias causas, de modo que o aparecimento de um dado fenômeno estaria sempre acompanhado de um princípio desencadeador.

Hume se insurge contra a tentativa de desatrelar a *ideia* da *impressão* que lhe origina, ou seja, ele refuta a intenção de explicar intelectualmente esse fenômeno separando-o da experiência do sujeito. Em outras palavras, a causalidade faz com que a repetição constante de um enigma se transforme em uma chave para a sua solução. O problema, diz ele, é que a conjunção constante entre fenômenos nada revela acerca de sua conexão necessária. A causalidade pode mostrar como as coisas acontecem, mas não nos fornece o porquê de as mesmas acontecerem. Disso decorre que a experiência de fatos passados não pode fundamentar previsões sobre acontecimentos futuros. Esta refutação não apenas redimensiona nossa maneira de conceber a natureza de nosso conhecimento factual acerca do mundo, como também põe em questão as pretensões universalistas das inferências que fundam as leis científicas. Assim, diz ele:

> Uma vez que não é do conhecimento ou do raciocínio científico que derivamos a opinião de que uma causa é necessária para toda nova produção, tal opinião deve vir necessariamente da experiência[19].

Hume considera que a percepção da causalidade decorre da força do hábito que nos permite uma associação entre o posterior e o anterior. O fato de um fenômeno ser sempre seguido de outro no tempo faz com que os dois estejam relacionados como se houvesse conexão causal entre ambos. Portanto, é somente nossa experiência prática que nos permite constituir, *a posteriori,* as chamadas inferências causais. Nesse sentido, causa e efeito, enquanto impressões sensíveis, são apenas os elementos anterior e posterior de uma sucessão de eventos, transformados em elos de uma vinculação necessária.

As relações causais decorrem, pois, de eventos observáveis, cuja matriz repousa no hábito. Eis por que "toda crença em questões de fato e existência real deriva simplesmente de algum objeto presen-

_____

19. Ibid., p. 110.

te à memória ou aos sentidos, e de uma conjunção habitual entre eles e algum outro objeto"[20]. Assim, da constante união entre a **causa** e o **efeito** dessas ações da matéria decorre a necessidade, já que, segundo ele, esta "não é mais que uma determinação da mente a passar de um objeto àquele que comumente o acompanha, e a inferir a existência de um da existência de outro"[21]. Sem a percepção de tal evento e de sua constância, não seríamos capazes de estabelecer nenhum princípio causal.

Desse modo, quando constatamos a presença de fumaça em um recinto, inferimos, em nome do princípio da causalidade, que foi feito um fogo ou existe alguma fonte de calor que desencadeou o referido fenômeno; ou então, ao acender um fogo, prevemos que haverá calor ou fumaça. Assim, por força da relação causal, é possível antever o que irá acontecer, ou seja, inferir algo a partir do fato percebido. A relação causal aplica-se a dois termos, sendo que um está sempre ausente, ainda que se faça presente em nossa imaginação, afinal, como se costuma dizer, "não há fumaça sem fogo!"

---

20. David Hume. *Investigação acerca do entendimento humano*, 1999, p. 74-75.

21. David Hume. *Tratado da natureza humana*, 2001, p. 436. Ainda sobre a questão das crenças e inferências no âmbito do pensamento humeano, cf. Antony Flew. *Hume's Philosophy of Belief*, 1961.

Por conseguinte, haveria entre um fato presente e aquilo que daí é inferido uma conexão necessária de tal forma que, sendo dado um evento (a fumaça), o outro (o fogo) não pode deixar de existir. Mas donde se origina a ideia de conexão necessária que é, ademais, o motor do princípio da causalidade?

Ao contrário do que pensa o senso comum, Hume irá afirmar que nenhum objeto em si nos revela, através das qualidades que se mostram aos sentidos, as causas que o produzem, nem, tampouco, os efeitos que dele advém. Ou seja, nenhum efeito é determinado *a priori*. É verdade que podemos repetir a experiência e constatar centenas de vezes, por exemplo, que a água entra em ebulição a 100ºC, pois a relação entre os dois acontecimentos surge na nossa experiência passada sob a forma de uma constante conjunção. Entretanto, o porquê dessa ligação não nos é dado. Afinal, a infinita repetição de um enigma não implica necessariamente a sua solução. O fato de uma impressão passada se repetir não gera uma conexão necessária. A ideia de conexão necessária não pode, pois, provir de uma impressão originária, ou seja, de uma sensação primária. Com efeito, Hume explica que,

> a partir da primeira aparição de um objeto, jamais podemos conjecturar que efeito resultará dele. Mas se o espírito pudesse descobrir o poder ou a energia de qualquer

causa, poderíamos prever o efeito, mesmo sem a experiência, e poderíamos também, desde o princípio, nos pronunciar com certeza a seu respeito, apenas pela força do pensamento e do raciocínio. Na realidade, não há nenhuma porção da matéria que nos revele, através de suas qualidades sensíveis, um poder ou energia, ou que nos dê fundamento para imaginar que poderia produzir algo, ou que seria seguida por um outro objeto que poderíamos denominar seu efeito[22].

A constante relação dos objetos não possui qualquer influência sobre os próprios objetos. Isto significa que o enésimo caso da mesma relação (por exemplo: fogo e fumaça, água e ebulição) é tão enigmático quanto o primeiro, podendo-se afirmar, somente, que esta constante relação tem influência sobre o nosso espírito. Isto significa que o hábito de ver dois eventos conjunta e constantemente associados produz em nós uma forte tendência para esperar o segundo se o primeiro nos for apresentado mais uma vez. O filósofo afirma que a causalidade não é, portanto, um princípio que rege as coisas, mas apenas um atributo da capacidade humana de estabelecer inferências a partir do hábito.

---

22. David Hume. *Investigação acerca do entendimento humano*, 1999, p. 76-77.

A noção de *ligação necessária*, por conseguinte, não possui qualquer caráter ontológico, mas apenas uma motivação psicológica oriunda de uma impressão interior do espírito que nos faz dirigir os nossos pensamentos de um objeto para outro.

Conclui-se, então, que o indivíduo seria incapaz de chegar às noções de causa e de efeito a partir de qualquer raciocínio, porque as capacidades específicas que realizam todas as operações naturais nunca são evidentes para o intelecto. Com isso, não é legítimo concluir, apenas porque um acontecimento precede um outro em determinada ocasião, que um é causa e o outro, efeito, haja vista que a sua ligação pode ser arbitrária ou acidental. Não há, portanto, motivos para inferir a existência de um a partir do surgimento do outro.

Os raciocínios relativos às noções de causa e efeito, reitera Hume, são fundados na experiência, e todos os raciocínios advindos da experiência são baseados no pressuposto de que o curso da natureza continuará uniformemente o mesmo[23]. É somente assim que se pode afirmar que causas semelhantes, em similares circunstâncias, produzirão sempre efeitos idênticos. Porém, a fonte dessa assertiva repousa sempre no hábito.

---

23. Cf. David Hume. *Resumo do tratado da natureza humana*, 1995, p. 65.

O hábito ou experiência vivida é o grande guia da vida humana, sendo ele que nos faz esperar que ocorra no futuro uma sucessão de acontecimentos semelhantes aos que existiram no passado. Por isso, "somos determinados exclusivamente pelo hábito a supor o futuro conforme o passado"[24], afirma Hume.

O conhecimento advindo da conexão entre a causa e o efeito não é dado nas coisas, mas construído pelo espírito. A ligação necessária que une causa e efeito é gerada pela constância do hábito, pois é a incidência ou repetição que nos faz esperar a sucessão de um acontecimento.

Em síntese, os objetos que nossa experiência identifica têm qualidades tão distintas entre si que, se levamos em conta suas diferenças, poderíamos percebê-los inteiramente dissociados um do outro na ordem da natureza. Por isso, somente pela experiência de sua união constante poder-se-ia inferir a existência de um a partir do outro. A inferência é um efeito do costume (ou hábito da percepção) sobre a imaginação. A ideia da relação causa e efeito corresponde à ideia de objetos constantemente unidos, e a conexão necessária não revela uma conclusão do entendimento, mas uma percepção reavivada na mente por numerosos exemplos semelhan-

---

24. Ibid., p. 69.

tes colhidos pela experiência. É o hábito, pois, que realiza esse trabalho.

Nesse sentido, pode-se dizer que a ideia de causalidade decorre da percepção de padrões ou modelos que se reproduzem no curso ordinário da experiência. A conexão necessária origina-se, pois, da percepção de uma conjunção constante. Essa percepção se reflete na mente como uma impressão de necessidade ou do caráter necessário do fenômeno percebido. Contudo, nem a função de efeito, nem a função de causa são intrínsecas aos objetos que apreendemos. A relação de causalidade é subjetiva, concerne à perspectiva do observador, e apenas surge como uma ideia da imaginação ou como uma decorrência da nossa percepção.

Hume considera que não existe na esfera da experiência humana uma impressão concreta de causalidade que possa legitimar a ideia que dela elaboramos. Disso resulta que seria impossível a formulação de uma impressão autêntica de natureza causal. Ela é, pois, objeto de crença, cuja origem remonta ao hábito e à associação de ideias. Assim, apenas para retomar o exemplo, foi a experiência que determinou o meu hábito de ver a água ferver após ser aquecida. A atitude de relacionar um fato presente a um futuro esperado é, segundo Hume, decorrente da imaginação. Esta, ao se orientar pelo costume ou pela constância do hábito, associa um evento determinado a um efeito subsequente. Antecipar um evento futuro é um atributo da imaginação, razão pela qual a necessidade causal não existe nas coisas, mas apenas no espírito. Por fim, a ideia de causalidade é tão somente uma decorrência do hábito e da experiência[25].

O empirismo de Hume notadamente se transmuta numa forma de ceticismo, pois não apenas coloca em xeque o princípio da causalidade, como revela a insuficiência da razão em matéria de inferência causal. Fazer repousar sobre crenças as evidências que somente podem ser obtidas pela experiência do hábito implica, para ele, uma impostura intelectual. É essa ilusão psicológica que Hume denuncia de forma radical, ao afirmar que não se pode reduzir a experiência da causalidade a nenhum princípio *a priori*. O filósofo, com isso, aproxima-se das ciências experimentais com a mesma desenvoltura com que se afasta da metafísica. Porém, o conhecimento forjado por tais ciências experimentais também não está livre das ilusões da imaginação e da força do hábito.

---

25. Mais uma vez, Hume deixa claro que as causas e os efeitos são instâncias separadas, de modo que não podemos inferir a existência de uma a partir da outra. Ademais, é somente a experiência e a observação que nos permitem constituir essa inferência. Trata-se, pois, de um produto da experiência sensorial do sujeito e não de um mecanismo do entendimento. Sobre o tema do entendimento e suas inferências, cf. John A. Passmore. *Hume's Intentions*, 1952.

Nesse aspecto é possível fazer a seguinte constatação: não há qualquer impressão da qual derive a relação causal. A inferência que vai da proposição que afirma que "tal objeto sempre foi observado produzindo tal efeito" para aquela que afirma que "outros objetos, aparentemente similares àqueles, serão observados gerando os mesmos efeitos" não se funda em qualquer impressão. Com isso, é possível dizer que o princípio da causalidade, de acordo com a análise de Hume, não possui qualquer fundamento no domínio dos objetos possíveis da razão humana, pois não constitui uma relação entre ideias nem, tampouco, é uma questão de fato. Uma das principais ferramentas dessa tentativa de destronar a razão encontra-se no ceticismo professado pelo filósofo escocês.

Quarta lição

O ceticismo

Hume enfrenta, com as armas do ceticismo, alguns dos temas fundamentais que norteiam a história do pensamento ocidental. Sua postura crítica, ao denunciar a imprecisão das ideias de causalidade do mundo e do eu, o colocam na galeria dos autores que fizeram do ceticismo o ponto de partida de suas investigações filosóficas. Ainda que alguns comentadores divirjam sobre a natureza do ceticismo humeano – se se trata de um ceticismo relativo ou absoluto –, não se pode negar a amplitude que a postura cética assume no conjunto de sua obra.

Um dos eixos fundamentais dessa atitude consiste no fato de Hume evidenciar os limites do conhecimento racional e, sobretudo, desalojar a metafísica do seu lugar de instância ordenadora da vida humana. Ao reduzir o raio de alcance da razão e, por conseguinte, diminuir a centralidade das ideias metafísicas na constituição da realidade e do agir humano, Hume assume um papel de destaque na galeria dos grandes céticos da história das ideias[26].

O ceticismo de Hume está relacionado ao naturalismo e, sobretudo, ao empirismo que marcam a sua filosofia[27]. Para o filósofo, somos tentados pela vida a incorrer em superstições ou então a aderir a crenças infundadas. Por isso, o ceticismo seria uma proteção contra os preconceitos e as veleidades da razão, evitando, como isso, que o sujeito perturbe sua conduta ou corrompa suas ações com ficções infundadas.

---

26. O ceticismo é uma doutrina filosófica que considera que não se pode atingir certezas absolutas ou verdades definitivas. Trata-se de uma postura intelectual que consiste em realizar um questionamento permanente sobre o valor e a consistência dos postulados metafísicos, religiosos ou científicos. Considera-se como o fundador dessa corrente Pirro de Élis (360 a.C.-c. 275 a.C.), tendo a mesma se disseminado graças aos escritos de Arcesilau (316-241 a.C.) e, sobretudo, Sexto Empírico que viveu no século II a.C., tendo este sido o grande historiador e sistematizador do ceticismo, o qual influenciou inúmeros pensadores ocidentais, dentre os quais Montaigne e Hume. Sobre a influência de Sexto Empírico sobre o pensamento de Hume, cf. Richard, H. Popkin. "Sources of Knowledge of Sextus Empiricus in Hume's Time". *Journal of the History of Ideas*, 1993, p. 137-141.

27. João Paulo Monteiro afirma que todas as declarações explícitas de Hume acerca da natureza da ciência em geral concordam com a maneira como ele apresenta sua própria ciência da natureza humana. Cf. João Paulo Monteiro. *Hume e a epistemologia*, 2009, p. 53.

O homem deve evitar os voos longínquos da imaginação e se ater ao que sua experiência de vida ensina. Aderir, por força da razão, ao que é remoto e extraordinário, pode conduzi-lo para longe das vivências sensoriais, *lócus* da condição humana e fonte da dinâmica da vida. Hume deixa clara a sua proposta numa passagem da versão resumida do *Tratado da natureza humana*:

> Por tudo que foi dito o leitor perceberá facilmente que a filosofia contida neste livro é muito cética, e tende a nos dar uma noção das imperfeições e dos estreitos limites do entendimento humano. Quase todos os raciocínios são aí reduzidos à experiência; e a crença, que acompanha a experiência, é explicada como sendo senão um sentimento peculiar, ou uma vívida concepção produzida pelo hábito[28].

Assim, a experiência da vida se apresenta como a única instância de constituição de um conhecimento possível. Este se origina da dimensão prática do vivido fundada na observação e na experimentação. As inferências derivadas da experiência são

---

28. David Hume. *Resumo do tratado da natureza humana*, 1995, p. 97. Sobre os vários aspectos do ceticismo humeano, cf. David Fate Norton. *David Hume: Commonsense Moralist, Skeptical Metaphysician*, 1978.

efeitos do costume e do hábito. Somente a observação de uma repetição de eventos geradores de outros pode nos fazer inferir a existência de uma relação entre os mesmos. Eis por que o empirismo de Hume torna robusto o seu ceticismo, uma vez que a crença no princípio de causalidade somente pode ser explicada psicologicamente, pois ele é tão somente produto do hábito e da expectativa gerada pela experiência que o sujeito tem diante do evento observado. As verdades, por fim, repousam nas evidências da experiência.

Hume coloca em questão a possibilidade de uma ciência empírica constituir as bases de um conhecimento universal e necessário. Por ser particular e contingente, o conhecimento empírico somente pode "se universalizar" dentro de esquemas probabilísticos ou então se for colocado sob a égide de verdades provisórias. Portanto, o filósofo deflaciona a pretensão de a ciência, por meio da razão, atingir o ideal de um conhecimento fundado em verdades eternas.

Ademais, como as induções são apenas prováveis, já que uma teoria extraída de uma inferência é sempre dubitável, as ciências experimentais não podem forjar leis universais, pois estas estão sempre sujeitas à comprovação empírica

Vimos que Hume se nega a aceitar a lógica da indução como meio de ampliar o conhecimento.

Para ele, é impossível afirmar racionalmente que um efeito sucederá a uma causa. A relação causa e efeito é um exemplo de raciocínio indutivo que Hume condena. A indução, ao contrário da dedução, diz o filósofo, não implica uma necessidade lógica. Ora, a dedução é uma operação puramente racional que nos permite inferir de uma proposição universal (todos os homens são mortais) uma outra (Sócrates é homem e, por sê-lo, é mortal) sem o concurso de nenhum procedimento empírico. O mesmo não ocorre nos raciocínios (indutivos) que exigem a presença da observação e da experimentação.

Hume, de fato, critica o fundamento lógico da inferência causal, negando-se a aceitar a lógica da indução como meio de ampliar o conhecimento, pois, para ele, é impossível afirmar racionalmente que um efeito sucederá a uma causa, uma vez que ambos são eventos diferentes que nosso hábito se acostumou a perceber unidos. Sobre isso, completa o filósofo:

> Não é, pois, a razão que conduz a vida, mas o hábito. Apenas ele determina a mente, em todas as circunstâncias, a supor que o futuro é conforme o passado. Por mais simples que este passo possa parecer, nem em toda a eternidade a razão seria capaz de dá-lo[29].

---

29. Ibid., p. 71.

A experiência da conjunção constante entre causa e efeito instaura em todos nós o hábito da expectativa. Portanto, tudo o que temos ao nosso alcance é a experiência imediata, sendo que toda tentativa de descrever, explicar, ordenar o mundo por meio de crenças torna-se incerta ou falível. Portanto, mais uma vez parece claro que o posicionamento cético de David Hume apresenta-se como uma resposta à pretensão da ciência de obter, pela via da razão, um conhecimento universal e necessário.

Assim, na teoria do conhecimento de Hume, os princípios da natureza humana (instintos, inclinações, experiências sensoriais) aparecem como condições de possibilidade da percepção e do conhecimento. Afinal, a natureza nos impele a julgar e, sobretudo, coloca em marcha a nossa capacidade de viver a experiência do real para além das construções intelectuais e das estruturas do pensamento.

Para Hume, é possível introduzir a marca da dúvida em todos os objetos do conhecimento, porém não podemos levar essa dúvida às últimas consequências, de modo a desconfiar até mesmo de alguns dados da experiência, pois a natureza exige que levemos a sério as nossas percepções. Não podemos duvidar de todas as informações recebidas pela via dos sentidos.

Com efeito, o filósofo não assume uma postura cética intransigente ou radical a ponto de colocar em risco a própria condição humana. Em sua *Investigação acerca do entendimento humano*, o filósofo assevera que não podemos levar a dúvida a um ponto extremo, pois isso poderia invalidar nossos pensamentos e imobilizar nossas ações.

Hume reconhece que, não obstante a utilidade da postura cética, os homens, em seu viver cotidiano, pensam e agem influenciados por hábitos, instintos e crenças naturais. Seria, pois, inútil desconfiar de todos os fatos, situações ou eventos que constituem a existência humana, pois há um determinismo na natureza que conduz o homem a em algo acreditar. O ceticismo, mais do que uma postura dogmática, pode ser visto como um recurso metodológico, uma espécie de esforço do pensamento para colocar em dúvida as certezas intelectuais e as ideias que se impunham não pela força da consistência argumentativa, mas pela imposição de postulados forjados pela autoridade metafísica.

Ao colocar em xeque o alcance de nossas faculdades intelectuais, sobretudo aquelas fundadas na razão, Hume fortalece as bases do ceticismo epistemológico, sem, no entanto, levar às últimas consequências tal postura. Eis por que encontramos aqui já prefigurada ideia de que a falibilidade das nossas capacidades cognitivas não é necessariamente algo decorrente do caráter lacunar da condição humana, mas sim uma falha no modo como operamos o nosso entendimento.

Apesar de propor um ceticismo "moderado", Hume não deixa de ser incisivo em sua crítica às crendices e superstições que permeiam as diversas modalidades do pensamento religioso e metafísico. O fato de desmontar os pilares sobre os quais se erguem os monumentos da tradição ocidental (o culto da razão, das verdades transcendentes e das entidades religiosas), não o impede de reconhecer que a existência exige algum tipo de crença à qual o indivíduo deve se filiar. Poder-se-ia quiçá mesmo sugerir que os homens têm naturalmente tendência a buscar um solo estável sobre o qual deve repousar um mínimo de certeza possível. A crença, ainda que infundada, seria, pois, necessária à vida.

Hume adota, como nenhum outro pensador jamais fizera, uma postura genuinamente cética ao colocar em dúvida o próprio ceticismo como fundamento seguro para uma vida. Isso, a rigor, não invalida a sua postura cética. Ao contrário, esse procedimento tão somente revela a honestidade intelectual que acompanha suas formulações. Hume, ademais, admite que há uma espécie de inclinação ou instinto natural que nos faz acreditar em coisas inexistentes ou mesmo em tomar a ficção por realidade. E como a razão nem sempre é capaz de dirimir esses equívocos, as impressões vivazes que repousam nos sentidos ou o exercício da experiência se encarregam de fazê-lo. O ceticismo de

Hume volta-se sobre si mesmo questionando com lucidez seus limites e definindo sem destemor seu alcance. Ainda que não produza nenhuma convicção absoluta ou indubitável, o ceticismo adotado por Hume se revela, em certo sentido, irrefutável. E o fato de usar as armas da razão para provar os limites desta não invalida o teor da sua crítica acerca das pretensões da metafísica e das imposturas da racionalidade.

Quinta lição
Liberdade e necessidade

Na lição anterior, vimos que Hume não se faz partidário de um ceticismo absoluto – já que isso invalidaria sua proposta filosófica – na medida em que, para ele, mesmo que seja necessário negar o caráter reflexivo do princípio de causalidade, não podemos deixar de reconhecer que há uma inclinação instintiva, como se fosse uma força natural, que alimenta nosso desejo de elaborá-lo. Assim, abrangendo a conjunção constante de objetos similares e a inferência de um a partir de outro, a noção de *necessidade* se revela essencial à teoria da causalidade de Hume. O necessário caracteriza mesmo a vontade humana, que, por isso, não pode ser considerada como algo aleatório ou arbitrário. Para Hume, podemos tirar conclusões acerca das vontades humanas com base na experiência da união constante de ações semelhantes em circunstâncias semelhantes. É a partir dessa perspectiva que se pode tratar da relação entre liberdade e necessidade.

Hume apresenta em suas obras *Investigação acerca do entendimento humano* e *Tratado da natureza humana* importantes reflexões sobre a relação entre liberdade e necessidade, tomando como ponto de partida a questão da vontade. O filósofo entende por vontade toda impressão consciente que surge quando, deliberadamente, produzimos qualquer movimento em nosso corpo, ou quando voltamos a atenção da nossa mente para qualquer ideia nela presente[30]. No entanto, trata-se de saber se a vontade, entendida nestes termos, pode ser concebida como livre e em que sentido devemos associá-la à necessidade. Hume se apressa em indicar que este conceito de vontade não é incompatível com as noções de **necessidade** e de **liberdade**.

Na *Investigação acerca do entendimento humano*, ele afirma que a necessidade pode ser definida de duas formas[31]. No primeiro caso, ela consiste na constante conjunção entre objetos semelhantes, e numa outra acepção podemos tomá-la como resultado das ilações realizadas pelo entendimento ao migrar de um objeto a outro. A necessidade seria, pois, o resultado da união dos objetos apreendida pela síntese do entendimento. Nesse sentido, Hume observa que:

---

30. David Hume. *Tratado da natureza humana*, 2001, p. 435.

31. David Hume. *Investigação acerca do entendimento humano*, 1999, p. 101.

não há um só caso em que a conexão última entre os objetos pudesse ser descoberta por nossa razão ou por nossos sentidos [...]. Só temos conhecimento de sua união constante, e é dessa união constante que deriva a necessidade. Se os objetos não possuíssem entre si uma conjunção uniforme e regular, jamais chegaríamos a uma ideia de causa e efeito[32].

Ora, vimos que, para Hume, nenhum objeto ou evento existente fora da experiência poderia fornecer uma razão para que se espere que algum tipo de efeito se siga necessariamente a um outro. Assim, podemos tão somente perceber conjunções constantes entre aquilo que costumamos designar como causa e, a partir daí, inferirmos que um evento segue-se regularmente a um outro. Nesse sentido, os princípios epistemológicos que fundamentam a teoria do conhecimento humeana, relativos às ideias de liberdade e necessidade, são os mesmos que explicam as ações da mente e do corpo.

Eis por que convém considerar dois aspectos como essenciais à noção de necessidade: a *união constante* e a *inferência da mente*. É, pois, através da observação da união constante que a inferência é produzida, ou seja, ao perceber a existência de

---

32. David Hume. *Tratado da natureza humana*, 2001, p. 436.

uma *união constante* nas ações da mente, podemos realizar a inferência sugerindo a necessidade dessas ações[33].

Do mesmo modo que as *ações da matéria* devem ser vistas como exemplo de ações necessárias pelos motivos anunciados acima, ou seja, em decorrência da regularidade (constância) dos seus resultados e da inferência da mente para percebê-los, assim também é possível discorrer sobre as *ações da mente* e julgá-las sob a mesma perspectiva da necessidade, pois, segundo o filósofo, "existe um curso geral da natureza das ações humanas, assim como nas operações do Sol e do clima"[34]. Ademais, com o mesmo diagnóstico aplicado às ações da matéria, é possível também fazer inferências concernentes às ações humanas, e concluir que tais inferências se fundam na experiência da união constante de ações semelhantes com motivos e circunstâncias semelhantes[35].

Assim, no que concerne aos seus princípios causais, as construções humanas obedecem às mesmas determinações existentes nos fenômenos naturais, até porque são os eventos físicos que desencadeiam motivações psíquicas. Há, pois, uma conjunção re-

---

33. Ibid., p. 437.

34. Ibid., p. 439.

35. Ibid., p. 445.

gular e uniforme entre motivos e ações voluntárias, assim como existe entre causa e efeito quando observamos os eventos naturais

O homem não poderia se determinar livre e espontaneamente negligenciando a causalidade dos motivos e necessidades naturais. A vontade é tão somente a consciência de uma ação causada por um motivo. Este decorre de uma necessidade que, por sua vez, aparece como um elemento essencial da causalidade. Não haveria, pois, vontade humana e, por conseguinte, liberdade se não fôssemos determinados pelas necessidades da natureza. Com isso, Hume se insurge contra a ideia segundo a qual as ações humanas são regidas por fatores fortuitos ou acidentais. Ele, da mesma forma, critica aqueles que concebem a liberdade como produto da contingência ou do acaso. Para o filósofo, mesmo que a liberdade fosse o único motivo das nossas ações, aquela jamais poderia escapar à necessidade da natureza.

Hume indica que, através da experiência, pode-se constatar que ações dos indivíduos possuem uma união constante com os motivos, temperamentos e circunstâncias que os envolvem. Ele considera, ainda, as inferências extraídas dessa união, sem esquecer que elas não passam de um efeito do hábito sobre a imaginação. Ou seja, é incorreto afirmar que a ideia de causa e efeito decorre de objetos constantemente unidos, pois, como já mostramos, a conexão necessária não é advinda de uma conclusão do entendimento, mas provém de uma percepção da mente baseada na constância das observações[36].

Assim, conclui-se que a evidência moral tem como correlato a evidência natural, pois sempre que observamos a mesma união agindo da mesma maneira sobre a crença e a opinião, podemos formular as ideias de causas e necessidade e, por consequência, a noção de **evidência moral**. As evidências morais e naturais possuem a mesma natureza e derivam dos mesmos princípios: a *união constante* e a *inferência da mente*. Para explicar as primeiras, ele afirma que:

> Como todas as leis se baseiam em recompensas e punições, admite-se como princípio fundamental que estes motivos têm uma influência regular e uniforme sobre o espírito, e que tanto produzem boas ações como impedem as más. [...] Como está usualmente conjuntada com a ação, devemos considerá-la uma *causa* e olhá-la como um exemplo da necessidade que queríamos estabelecer aqui[37].

---

36. Ibid., p. 441-442.

37. David Hume. *Investigação acerca do entendimento humano*, 1999, p. 102.

Vê-se logo que a necessidade está situada seja na união e conjunção constante de objetos semelhantes, seja na inferência da mente de um ao outro. Mas, em ambos os casos, ela, a necessidade, não está apartada da vontade que nos anima. Assim, convencido do fato de que a necessidade é parte integrante da causalidade e que ambas (causalidade e necessidade) constituem as bases para as evidências naturais e morais, Hume passa ao exame da questão da liberdade.

Ele inicia o tratamento da questão da liberdade a partir do seguinte questionamento: se as nossas ações foram determinadas há milhões de anos, como é possível afirmar que elas dependam de nós? Mesmo em face do aparente desconforto que se instala quando tentamos associar **liberdade** e **determinismo**, é certo dizer, segundo Hume, que há uma estreita união entre essas duas instâncias que guiam a nossa conduta. Mas, se os homens são regidos por uma necessidade natural, como então pensar sua liberdade e ainda mais ligar esta a uma responsabilidade?

Para que o problema seja bem enfrentado convém levar em conta os elementos que influenciam direta ou indiretamente a ação, quais sejam: a motivação, a intenção, a deliberação, a escolha e a tomada de decisão. Todos esses princípios repousariam originariamente no determinismo que anima a nossa natureza. Disso se infere que as ações decorrem de escolhas e decisões, mas estas são causadas por necessidades sobre as quais o homem não tem controle. Este determinismo nos impulsiona ao conhecimento tanto quanto nos oferece condições para agir. Portanto, Hume adota uma postura compatibilista entre liberdade e necessidade ao defender a existência de um determinismo que, ao invés de eliminar nossa livre ação, a torna possível.

A doutrina humeana da liberdade alega que esta é sim compatível com o determinismo natural. Eis por que o filósofo propõe um *projeto de reconciliação* que consiste em mostrar que liberdade e necessidade podem coexistir em perfeita harmonia na determinação da nossa vontade. Ademais, afirmar que as ações humanas são livres não é a mesma coisa que dizer que elas estejam fora do âmbito da necessidade, mas apenas que se realizaram sem nenhuma adversidade. E ainda que possuam características diferentes, liberdade e necessidade devem ser concebidas como instâncias conjugadas, ou seja, como realidades interligadas. As ações humanas não deixam de ser livres pelo fato de obedecerem a um determinismo causal necessário. Por isso, diz ele:

> Por mais caprichosas e irregulares que sejam as ações que então pratiquemos, como o desejo de mostrar nossa liberdade é seu

único motivo, nunca podemos nos libertar das amarras da necessidade[38].

A uniformidade da natureza influencia não apenas as operações da mente, mas também as ações voluntárias do sujeito. Esta mesma natureza determina a relação entre o eu, o nós e o mundo. Nesse sentido, assim como acontece no mundo físico, existe também uma necessidade que determina os motivos e ações que constituem a conduta moral do indivíduo. E da mesma forma que há uma conjunção constante entre causa e efeito verificada no âmbito da natureza, também existe, segundo o filósofo, uma conexão regular entre motivos e ações voluntárias na esfera das relações humanas.

As ações dos indivíduos são determinadas pelos eventos precedentes, pois, do contrário, tais ações seriam completamente aleatórias, guiadas pelo acaso e, por conseguinte, não seriam determinadas pelo temperamento, preferências ou escolhas dos sujeitos. Se isso acontecesse os indivíduos não poderiam ser responsabilizados por suas condutas.

A liberdade, concebida pelo filósofo como livre-arbítrio, associa-se assim ao determinismo, sem, no entanto, eliminar a livre decisão do indivíduo de escolher segundo sua vontade. Esta se mostra conectada à necessidade por meio de ações

---

38. David Hume. *Tratado da natureza humana*, 2001, p. 444.

escolhidas livremente. O comportamento humano, ainda que seja regido pelo princípio da necessidade, não pode ser pensado dissociado da exigência de responsabilidade. Por isso, as pessoas tornam-se também necessariamente responsáveis por seus atos, os quais estão associados ao desejo de o indivíduo obter recompensas ou evitar o castigo. Ademais, é essa perspectiva que o conduz a fazer aquilo que é moralmente desejável e evitar o que é considerado imoral. Hume considera, pois, que a liberdade é essencial à moralidade na medida em que:

> nenhuma ação humana, na qual (a liberdade) não se encontra presente, é susceptível de qualidades morais, ou possa ser objeto de aprovação ou desaprovação por parte dos indivíduos. Pois, como as ações são objetos de nosso sentimento (*senso*) moral, unicamente na medida em que são indícios do caráter interno, de suas paixões e afeições, é impossível que elas possam ocasionar o elogio ou a crítica, se elas não procedem destes princípios e se elas derivam inteiramente de uma intervenção exterior[39].

A liberdade torna-se peça fundamental para a determinação do comportamento moral do ser hu-

---

39. David Hume. *Investigação acerca do entendimento humano*, 1999, p. 103.

mano, pois, como todas as leis que movem a vontade, aquelas que orientam a liberdade também estão baseadas em recompensas e punições. Tais motivos exercem uma influência sobre a mente produzindo boas ações, evitando as más e guiando nossa vontade para a realização de fins morais. Podemos, com isso, fazer predições acerca de situações que envolvam escolhas, decisões e condutas humanas. Nesse caso, seria possível prever certas formas de conduta ou mesmo de organizações sociais com base nos determinantes naturais que nos animam: os homens tendem naturalmente a agir de forma cooperativa, pois isso ampliaria seus interesses naturais de sobrevivência ou ainda de conquistar o prazer e se afastar da dor.

Ao fim desse percurso, vimos que é possível dividir a tradicional disputa entre necessidade e liberdade em dois problemas: um de ordem epistemológica e outro de ordem moral. O de natureza epistemológica consiste em saber se as ações humanas são, de fato, causalmente determinadas por condições antecedentes. Hume, como vimos, responde que sim ao afirmar que elas originam-se de determinações naturais. Já o problema moral refere-se às implicações do determinismo para a moralidade em geral e, em particular, para a responsabilidade do sujeito. Acerca disso, como mostramos, o filósofo assegura que a necessidade não nos livra da obrigação de assumir a responsabilidade pelas ações que praticamos. Hume, com isso, suplanta o tradicional fosso que separa necessidade e liberdade, estabelecendo entre ambas uma continuação e, sobretudo, uma cooperação com vista à realização de fins naturais: a sobrevivência, a reprodução, a maximização do prazer, a fuga da dor. É a partir dessa perspectiva da dor e do prazer que Hume irá tratar de um importante tema de sua filosofia e objeto da próxima lição: as paixões.

Sexta lição

As paixões

David Hume é designado de o *filósofo das paixões*[40]. Ao longo da tradição filosófica, raros foram os pensadores que conferiram a este tema o valor e a importância merecidos. Hume faz parte dessa pequena parcela de pensadores que colocaram as paixões no centro da existência humana. No Livro II do *Tratado da natureza humana*, ele realiza um exaustivo estudo sobre as paixões, iniciando por delimitar sua natureza, configuração e formas de expressão[41]. Para ele, a paixão é uma forma de existência original, ou ainda uma modificação ori-

---

[40]. Sobre a relevância que o tema das paixões assume no pensamento de Hume, cf. Michel, Mayer. *Le philosophe et les passions*, 1991.

[41]. Hume, muitas vezes, utiliza termos como afeto, sentimento, impressão como sinônimos de paixão. Acerca do tema das paixões e de seus inúmeros contornos e configurações, cf. Robert Solomon. "The Philosophy of Emotions". In: M. Lewis e J. Haviland (orgs.). *Handbook of Emotions*, 1993, p. 3-15; e, do mesmo autor, *The Passions*, 1976.

ginal da existência[42]. Trata-se de um estado de caráter sensorial e mental que remonta à nossa constituição natural, estando associado às nossas sensações mais primitivas e originárias. Mas, diferentemente das nossas impressões primárias (instinto de preservação, sexualidade, apetites, inclinações e desejos naturais), as paixões são impressões de segunda ordem, também chamadas pelo filósofo de *impressões de reflexão*.

Isso significa que elas não são puras sensações, já que implicam um estado mental no qual se conjugam juízos, crenças, avaliações. Uma paixão para se constituir precisa, pois, que o agente apreenda a realidade ou o evento que a desencadeou. Trata-se de uma percepção, sendo esta constituída de impressões e ideias. Percepção, segundo Hume, é tudo aquilo que se apresenta à mente, seja por meio dos sentidos, das paixões, do pensamento ou da reflexão. Nesse sentido, qualquer ação exercida pela mente pode ser designada como percepção[43].

As percepções reduzem-se a duas classes: **impressões** e **ideias**. As *impressões* são consideradas percepções imediatas, como, por exemplo, sensações, paixões e emoções. Com efeito, elas ocorrem "quando sentimos qualquer tipo de paixão ou emo-

---

42. David Hume. *Tratado da natureza humana*, 2001, p. 451.

43. Ibid., p. 496.

ção, ou captamos as imagens de objetos externos trazidas por nossos sentidos"[44]. Enquanto isso, as ideias representam as cópias que a nossa mente elabora a partir dos dados oriundos das nossas impressões. Em outras palavras, elas são compreendidas como "reflexos atenuados das nossas sensações no espelho dos nossos pensamentos"[45].

Em sua obra *Investigação acerca do entendimento humano (1748)*, Hume resume tais considerações afirmando que as percepções do nosso espírito são de duas classes, as quais são definidas por sua força e vivacidade: as impressões (decorrentes de apreensões imediatas) e as ideias (estruturas do pensamento). Todas as ideias originam-se de impressões. As ideias podem ainda ser classificadas em simples e complexas e são ligadas por associações. As chamadas associações de ideias ocorrem por meio da semelhança, da contiguidade no tempo e no espaço e da relação de causa e efeito.

Para Hume, os objetos da razão humana podem ser reduzidos a duas categorias: as relações de ideias e os fatos. No primeiro caso, encontramos os elementos de algumas ciências como a geometria, a álgebra, a aritmética. Estes são designados

---

44. David Hume. *Resumo do tratado da natureza humana*, 1995, p. 47.

45. André Vergez. *David Hume*, 1984, p. 18.

como intuitivamente certos e podem ser demonstrados pelas operações do entendimento. Os fatos, ao contrário, não possuem o mesmo grau de evidência, pois não podemos aceder ao menos por meio de raciocínios *a priori*, mas tão somente pela via da experiência. E como as conclusões obtidas pela experiência consistem em referências ao passado, os fatos pertencem à ordem das probabilidades, ou seja, tais conclusões são efeito do hábito e não do raciocínio. Longe da experiência e da força do hábito não se pode, pois, estabelecer uma conexão necessária entre fatos.

Convém, todavia, destacar que não há uma diferença substancial entre ideias e impressões. O que as diferencia é a intensidade com que se processam e a amplitude com que se revelam. Assim, a diferença entre as impressões e as ideias reside no grau de força e de vivacidade com que aquelas percepções entram na nossa mente e fazem o seu percurso até o nosso pensamento ou consciência, isto é, as impressões são percepções vívidas e fortes, enquanto as ideias são percepções mais esmaecidas e fracas. Em resumo: as percepções que se apresentam com maior força e violência podem ser chamadas de impressões, compreendendo estas as paixões e emoções, ao passo que as ideias são as imagens tênues das impressões.

As nossas ideias (ou percepções fracas) derivam de nossas impressões (ou percepções fortes), de modo que nada ocorre na mente sem que passe anteriormente por uma experiência sensorial. Para Hume, o espírito não é uma entidade passiva e nossa mente não é, como pensava Locke, uma "tábula rasa" onde se inscreveriam mecanicamente os dados externos do mundo[46]. É certo que nossas percepções ou impressões são inatas e que nossas paixões são atributos da nossa natureza[47]. Eis por que nada atinge o entendimento que não tenha antes percorrido os sentidos. As paixões obedecem também a esse mesmo mecanismo.

---

46. Vergez nos apresenta um exemplo que ilustra bem essa ideia: "Um cego de nascença não saberia certamente, devido à falta de estímulos, fazer a menor ideia das cores. Mas, suponhamos um 'homem familiarizado com todo o tipo de cores, exceto com uma tonalidade particular de azul que o acaso nunca lhe permitiu encontrar. Que se coloquem diante deste homem todas as diversas tonalidades desta cor, à exceção dessa tonalidade particular, numa gradação decrescente da mais escura para a mais clara'. Tal homem, assegura Hume, 'aperceber-se-á de um vazio', podendo 'suprir essa falta unicamente através da sua imaginação' e 'conceber a ideia dessa tonalidade particular que os seus sentidos nunca lhe forneceram'[...]". Cf. André Vergez. *David Hume*, 1984, p. 18. Trata-se aqui, pois, de um impulso da imaginação, ou seja, de um dinamismo do espírito humano, representado por uma atividade psicológica que se revela fundamental para explicar a ideia de crença causal apresentada pelo filósofo escocês.

47. David Hume. *Resumo do tratado da natureza humana*, 1995, p. 49.

Ao derivar das impressões, e por serem também objetos de reflexão, as paixões são concebidas como instintos naturais que residem na composição original da mente humana. Esta constitui as paixões sempre a partir de impressões determinadas. Hume não se interroga a respeito da origem dessas impressões, pois as mesmas se constituem como dados originários cuja origem se afigura indeterminada.

As impressões classificam-se em *originais* e *secundárias*. As *originais*, também chamadas de *impressões de sensação*, são aquelas que, como indica Hume, "surgem na alma sem qualquer percepção anterior, tendo origem na constituição do corpo, nos espíritos animais ou na aplicação de objetos aos órgãos externos"[48]. Neste gênero situam-se todas as impressões dos sentidos (visão, audição, tato, paladar e olfato) e todas as dores e prazeres corporais.

As *secundárias*, ou *impressões reflexivas*, são aquelas provenientes de impressões originais que se fazem imediatamente acompanhar de ideias (elaborações mentais). Disso resulta que impressões de reflexão (ou *paixões*, como designa o filósofo) são respostas (reações) afetivas à sensação e à sua ideia. Com efeito, a paixão envolve uma percepção

---

48. David Hume. *Tratado da natureza humana*, 2001, p. 309.

sensorial e uma elaboração mental, ou seja, trata-se de uma impressão de reflexão derivada das ideias correspondentes às impressões de sensação. Assim, por exemplo, a sensação de prazer ou a ideia de dor provoca na alma novas impressões de desejo ou de aversão.

Na referida obra, Hume apenas se ocupa das impressões de reflexão, pois, segundo o filósofo, a análise das primeiras (impressões originais ou de sensação), pelo fato de dependerem de causas naturais e físicas, escapam ao campo da especulação filosófica propriamente dita, já que concernem, como ele salienta, "ao domínio da filosofia da natureza"[49]. Paixões e emoções são, pois, exemplos de impressões secundárias, em cuja base encontramos as impressões primitivas de dor e prazer.

As impressões secundárias dividem-se, ainda, em *calmas* (contemplação estética, senso moral, benevolência) e *violentas* (amor e ódio, pesar e alegria, orgulho e humildade). Esta divisão carece de precisão e rigor, pois o próprio Hume reconhece que uma taxonomia das paixões é algo que foge aos seus propósitos filosóficos. Além do que, em face do caráter efêmero, mundano e circunstancial das impressões, uma definição precisa da natureza e configuração de certas paixões seria impossível. Os estados senso-

---

49. Ibid., p. 310.

riais, em face do seu caráter frequentemente transitório, sofrem variações de intensidade, de modo que uma impressão reflexiva violenta – como ocorre em certas *paixões* – pode ser atenuada a ponto de se transformar em uma impressão reflexiva calma, isto é, em uma suave emoção capaz de passar completamente despercebida.

Este caráter difuso e intransparente de algumas impressões está na base da distinção que Hume elabora entre paixão e emoção. Eis o que diz o filósofo a este respeito: "[...] as paixões são mais violentas que as emoções resultantes da beleza e da deformidade e, por isso, essas impressões têm sido comumente distinguidas uma das outras"[50]. Na verdade, é a intensidade ou *pattern* de cada uma que nos permite defini-la, ou seja, tudo depende do grau de intensidade da sensação despertada no sujeito. Assim, quando a intensidade (*pattern*) da afecção é fraca e suave, produzindo pouca ou nenhuma agitação mental, estamos diante de uma *emoção* ou *paixão calma*. Entretanto, se se trata de uma afecção forte, intensa, ocorre aquilo que se pode chamar de *paixão violenta*. Há, porém, sentimentos tão tênues e difusos que tornam difícil definir sua intensidade, por isso tal critério nem sempre se revela preciso para distinguir e tipificar tais experiências sensoriais.

---

50. Ibid.

As paixões (*calmas* e *violentas*) são ainda sub-divididas em *diretas* e *indiretas*, tendo em vista a procedência do fator que as anima. As chamadas *paixões diretas* são aquelas que surgem diretamente das ideias de bem e mal, as quais são, respectiva-mente, derivadas das sensações de prazer e dor. Elas originam-se do contato imediato do corpo com os objetos exteriores, dentre as quais, segundo o filóso-fo, encontramos a tristeza, a alegria, a esperança, o medo, o desespero e a confiança. Enquanto isso, as paixões *indiretas* podem ser oriundas dos mesmos princípios, porém são capazes de envolver a conjun-ção de outras qualidades"[51]. Significa dizer que as paixões indiretas derivam também do bem e do mal, do prazer e da dor, mas há outros elementos que as produzem, como é o caso das ideias. As paixões indiretas são também denominadas de "paixões so-ciais", pois decorrem da relação de um sujeito com o outro, a exemplo do orgulho, da humildade, da ambição, da vaidade, do amor, do ódio, da inveja, da piedade, da malevolência, da generosidade.

De fato, algumas paixões são altruístas, a exem-plo da simpatia benevolente, que nos conduz a bus-car o bem público, enquanto outras repousam em inclinações egoístas como a vaidade ou a inveja. Assim, na natureza humana existem tanto os sen-timentos de humanidade baseados naquilo que é

---

51. Ibid., p. 311.

universalmente desejado quanto os sentimentos de amor de si que são motivados por interesses individuais. As inclinações egoístas podem, é claro, ir de encontro aos impulsos altruístas. Porém, segundo Hume, os homens têm uma tendência natural a construir a paz, a harmonia e a ordem social. Há um senso próprio que impulsiona o sujeito a promover o bem do outro, sendo este também algo que lhe interessa para viver numa sociedade mais justa e equilibrada. Por isso, os sentimentos de generosidade e compaixão são mais predominantes do que aqueles de caráter egoísta. Apesar de classificar as paixões segundo sua natureza, intensidade e formas de expressão, Hume, em seu *Tratado da natureza humana*, se ocupa fundamentalmente de duas experiências passionais que, segundo ele, traduzem as características e os contornos das demais: o orgulho e a humildade.

Tais paixões têm como mesmo objeto o *eu*. Assim, a partir da ideia (julgamento) que elaboramos de nós mesmos ou de fatos do mundo em que vivemos, somos afetados por uma dessas paixões opostas, motivo pelo qual somos exaltados pelo orgulho ou abatidos pela humildade. Hume afirma que o *eu* é:

> aquela sucessão de ideias e impressões relacionadas, que temos uma memória e consciência íntima. [...] Qualquer outro objeto

> apreendido pela mente será sempre considerado em relação conosco; de outro modo, jamais poderia excitar essas paixões, ou sequer produzir nelas o menor aumento ou diminuição. Quando o eu não é levado em consideração, não há lugar nem para o orgulho nem para a humildade[52].

As impressões de orgulho (sensação prazerosa) ou humildade (sensação penosa) são vivenciadas pelo sujeito, razão pela qual estão sempre ligadas ao *eu*. Portanto, a paixão, quando despertada, nos leva ao contato conosco, ou seja, ao *eu*, objeto da paixão. Mas, para que tais paixões sejam desencadeadas, é preciso "alguma coisa que seja peculiar a uma delas, e que não produza as duas exatamente no mesmo grau"[53]. Trata-se aqui da causa ou princípio produtivo das paixões.

A causa desperta a paixão que lhe é associada. Por isso, a paixão situa-se entre dois extremos: o primeiro é referente à causa que a produz; o segundo, ao seu objeto. A causa do orgulho e da humildade é qualquer qualidade mental de valor, seja da imaginação, do juízo, da memória ou do temperamento (como, por exemplo, o bom-senso, a erudição, a coragem, a justiça), ou, ainda, qualquer qualidade

---

52. Ibid., p. 311-312.

53. Ibid., p. 313.

corporal (tais como a beleza, a força, a agilidade). E o objeto das paixões pode compreender também tudo aquilo que tem alguma relação conosco (o *eu*), como, por exemplo, o país em que vivemos, a família que temos, a casa onde moramos, as roupas que usamos, a profissão que exercemos.

É necessário, então, distinguir entre as causas da paixão, a *qualidade operante* que atua sobre a paixão e o o *sujeito* que sofre a ação dessa força. Conforme o próprio exemplo fornecido por Hume, quando "um homem se orgulha da bela casa que possui"[54], podemos identificar nesse fenômeno os seguintes elementos:

Objeto: *eu* (lugar aonde nossas paixões convergem). Neste caso, o objeto será o homem, proprietário da bela casa.

Causa do orgulho: a beleza do imóvel.

Qualidade operante: a beleza.

Sujeito: a casa.

Hume considera importante a distinção entre a *qualidade operante* e o *sujeito*, pois uma qualidade operante, como é o caso da beleza, se for tomada isoladamente nunca produzirá orgulho no indivíduo, a menos que se refira a algo importante que nos esteja relacionado (a bela casa, por exemplo).

---

54. Ibid., p. 322.

Sujeito e qualidade operante podem ser facilmente separados e identificados, porém a conjunção entre ambos é fundamental para a produção de uma paixão.

Ainda que sejam determinadas por propriedades naturais, orgulho e humildade não fazem parte da constituição primária da natureza humana, já que sentir orgulho ou humildade não é algo vital para o homem. Tais sintomas derivam de princípios naturais, como prazer e dor, mas não são essenciais para a sobrevivência humana, como é o caso das impressões primárias.

Hume demonstra que há propriedades na natureza humana que exercem influência sobre as operações do entendimento, bem como sobre as paixões. Uma das mais importantes é, como já vimos, a associação de ideias. Esta capacidade decorre, sobretudo, da impossibilidade de a nossa mente se fixar sobre uma única ideia durante um determinado tempo, pois dificilmente o homem seria capaz de alcançar tal constância em suas operações cognitivas[55]. Os nossos pensamentos, ao passarem de um objeto a outro, obedecem a regras e métodos próprios. Tais procedimentos, apenas para lembrar, baseiam-se nos critérios de semelhança, contigui-

---

55. Ibid., p. 317.

dade ou causalidade[56]. Assim, uma ideia surge podendo desencadear uma outra sempre por meio de uma dessas relações (semelhança, contiguidade ou causalidade) formando na mente os raciocínios ou os pensamentos.

A segunda propriedade chama-se *associação de impressões* e significa que todas as impressões semelhantes conectam-se entre si. Ou seja, tão logo uma impressão surge, as outras semelhantes, imediatamente, a seguem. Assim, por exemplo, as sensações de tristeza e desapontamento podem dar origem à paixão de inveja, esta pode suscitar o ódio e este engendrar a malevolência. Hume observa que é difícil para a nossa mente, ao ser atingida ou movida por uma paixão, permanecer limitada a ela sem qualquer mudança ou variação, pois, segundo ele, "a natureza humana é demasiadamente inconstante para admitir tal regularidade. A mutabilidade lhe é essencial"[57].

Por fim, o que determina a conduta do sujeito é a perspectiva de sentir dor ou prazer e, em segui-

---

56. Eis como poderíamos exemplificar tais princípios: **Semelhança**: um retrato de alguém nos faz naturalmente pensar na pessoa que foi retratada. **Contiguidade**: quando a expressão *Champs Elysées* é mencionada, a ideia de Paris ocorre naturalmente em nossa mente. **Causalidade**: quando pensamos em um acidente, de imediato somos levados a imaginar os fatores que lhe deram origem.

57. David Hume. *Tratado da natureza humana*, 2001, p. 318.

da, uma emoção de aversão ou inclinação diante do fato que o impulsiona a agir. O entendimento, que opera por meio de demonstrações e probabilidades, não determina nossas ações, mas apenas nos permite orientar as experiências sensoriais e as condutas que elas desencadeiam. Eis, pois, como Hume fundamenta os alicerces do mundo moral, tema da nossa próxima lição.

Sétima lição

A filosofia moral

David Hume, como vimos, é considerado o filósofo das paixões. Ele observa que a filosofia, ao longo de sua história, privilegiou a razão em detrimento das paixões, pois a faculdade de pensar, intuir e raciocinar sempre foi enaltecida por revelar o caráter próprio e superior do homem. Nela os homens poderiam encontrar o fundamento necessário ao pensamento e à ação, enquanto as paixões foram tidas como manifestações de caráter inconstante e enganoso, fonte de malefício e degenerescência. Contrapondo-se a essa tendência do pensamento tradicional, na qual a razão se coloca como centro das construções humanas, o filósofo escocês indica que "a razão, sozinha, não pode nunca ser motivo para uma ação da vontade"[58]. Ela é incapaz de impedir ou produzir qualquer ação ou afeto, ou seja, a razão não exerce qualquer influência sobre as nossas paixões ou ações e, por isso, a moralidade jamais poderia se fundar em nossa racionalidade.

---

58. Ibid., p. 449.

A moral não pode resultar de inferências e conclusões do entendimento, pois este não possui qualquer influência sobre os afetos nem, tampouco, se mostra capaz de motivar as ações dos indivíduos[59]. O entendimento constitui a base dos juízos de verdade ou falsidade, sendo, ainda, a via de acesso ao nosso conhecimento intelectual. O intelecto, por sua vez, não pode ser fonte de desejo ou aversão, motivo pelo qual também não é capaz de influenciar a conduta ou o comportamento do sujeito. A razão, diz Hume, ao definir seus limites e atributos,

> é a descoberta da verdade ou falsidade. A verdade e a falsidade consistem no acordo e desacordo seja quanto à relação *real* de ideias, seja quanto à existência e aos fatos *reais*. Portanto, aquilo que não for suscetível desse acordo ou desacordo será incapaz de ser verdadeiro ou falso, e nunca poderá ser objeto de nossa razão. Ora, é evidente que nossas paixões, volições e ações são incapazes de tal acordo ou desacordo, já que são fatos e realidades originais, completos em si mesmos, e que não implicam nenhuma referência a outras paixões, volições e ações. É impossível, por-

---

59. David Hume. *Resumo do tratado da natureza humana*, 1995, p. 23.

tanto, declará-las verdadeiras ou falsas, contrárias ou conformes à razão[60].

Os méritos atribuídos às ações, seus vícios ou virtudes, seu caráter louvável ou censurável, não decorrem de uma conformidade com a razão, pois esta nunca pode produzir ou impedir imediatamente uma ação nem, tampouco, ser fonte da distinção entre o bem e o mal. Por conseguinte, as distinções morais não são derivadas da razão.

A submissão da razão aos afetos não a impede de atingir ou mudar determinadas sensações, influenciando, ainda que indiretamente, as ações. Mas, ao contrário do caráter ativo dos afetos que, como indica Hume, são capazes de determinar a conduta dos indivíduos, a razão representa uma força passiva na esfera das ações humanas. A faculdade que chamamos razão não possui qualquer capacidade de motivar um indivíduo a agir. Ela se revela incapaz de incitar qualquer ação humana, de modo que a sua atuação no plano moral consiste tão somente em observar e demonstrar a coerência lógica das ações, crenças e volições. Com efeito, a única possibilidade de a razão influenciar as ações é, indiretamente, por intermédio das paixões. É nesse sentido que a razão estará sempre subordinada aos afetos.

---

60. David Hume. *Tratado da natureza humana*, 2001, p. 498.

A razão é ainda considerada impotente porque, ao contrário dos afetos, ela se mostra desprovida de força motivacional e, por isso, não pode se constituir como causa do agir humano. Em outras palavras, como não lhe é possível determinar diretamente as ações humanas, à razão também não cabe contrariar, suspender ou anular o exercício de uma paixão. Ela, por fim, goza de um poder teórico e não prático. Esse poder revela-se em sua capacidade de conhecer por demonstração, estabelecendo relações entre as ideias e se informando junto à experiência acerca das ligações que ocorrem entres os fatos[61]. A razão é indiferente em relação aos motivos das ações porque sua função é descobrir apenas a verdade ou o erro de uma proposição, de um discurso ou de uma crença.

Ademais, a razão é também impotente porque um princípio de natureza especulativa pode exercer somente um efeito indireto sobre a moralidade, seja informando o espírito acerca da existência de uma coisa susceptível de despertar uma paixão, seja estabelecendo a corrente de causas e efeitos próprios a determinar um meio para a satisfação

---

61. Para Malherbe, a razão tem o poder de conhecer por demonstração ou por inferência. Ela, portanto, é capaz de estabelecer relações entre as ideias e obter, a partir da experiência, um conhecimento sobre a ligação constante existente entre os fatos. Cf. Michel Malherbe. *La philosophie empiriste de David Hume*. 1984, p. 205-206.

dessa paixão[62]. Em outras palavras, um dos aspectos fundamentais da moral é que ela também pode influenciar as paixões e estas determinar as ações dos indivíduos. A razão, no entanto, é incapaz, por si só, de exercer tal influência.

É dentro dessa perspectiva que Hume alega que a razão sozinha não pode produzir nenhuma ação nem gerar uma volição. Segundo ele, só haveria uma possibilidade de a razão impedir a volição: caso ela se constituísse como um impulso contrário à paixão. Todavia, para ele, isso é impossível, pois "nada pode se opor ao impulso da paixão, ou retardá-la, senão um impulso contrário"[63]. Ademais, para que pudesse se apresentar como um impulso contrário à paixão, a razão "teria de exercer uma influência original sobre a vontade e ser capaz de causar, bem como de impedir, qualquer ato volitivo"[64]. Mas, como vimos, a razão não possui essa função originária e, por isso, ela é incapaz de ir de encontro à paixão. Disso se infere que o móvel da ação remonta sempre a uma força de natureza passional. E, mais ainda, é possível assegurar que uma ação não possui motivação racional ou irracional, já que

---

62. Monique Canto-Sperber. *Dictionnaire d'Éthique et de philosophie morale*, 1996, p. 673.

63. David Hume. *Tratado da natureza humana*, 2001, p. 450.

64. Ibid., p. 451.

o mais correto seria afirmar que ela é "arracional", isto é, desprovida de qualidades racionais.

Por conseguinte, inexiste conflito entre paixão e razão, pois, apesar de possuírem naturezas distintas, elas não são instâncias contrárias. Assim, uma paixão em si mesma não é jamais irracional, mas apenas a crença ou juízo que lhe é associado. Os objetos da razão são entidades suscetíveis de um valor de verdade ou falsidade que pode ser encontrado nos conteúdos proposicionais do pensamento e da linguagem, jamais nas sensações. Eis por que uma paixão jamais deve ser designada de insensata ou irracional, exceto se estiver fundada em uma suposição errada ou se for conduzida por meios racionais inadequados para atingir seu fim. Desse modo, é possível afirmar que um indivíduo age irracionalmente quando não procede de maneira apropriada para obter aquilo que deseja. Eis o que diz o filósofo:

> Como uma paixão não pode nunca, em nenhum sentido, ser dita contrária à razão, a não ser que esteja fundada em uma falsa suposição, ou que escolha meios insuficientes para o fim pretendido, é impossível que razão e paixão possam se opor mutuamente ou disputar o controle da vontade e das ações. Assim que perce-

bemos a falsidade de uma suposição ou a insuficiência de certos meios, nossas paixões cedem à nossa razão sem nenhuma oposição[65].

Um sujeito que usa a razão para escolher os melhores meios para atingir determinados fins, ainda que esses fins sejam contrários aos mais elevados interesses humanos, não pode ser considerado irracional, ainda que possamos designá-lo de imoral. Portanto, uma pessoa pode agir de maneira perfeitamente racional, porém profundamente imoral. Ademais, se uma paixão está dissociada das falhas do entendimento e se não lhe cabe escolher meios para atingir fins, o entendimento não tem autoridade para justificá-la nem condená-la[66]. Eis o que diz Hume em uma passagem emblemática do *Tratado da natureza humana*:

> Não é contrário à razão que eu escolha minha total destruição só para evitar o menor desconforto de um índio ou de uma pessoa que me é inteiramente desconhecida. Tampouco é contrário à razão eu preferir aquilo que reconheço ser para mim um bem menor a um bem maior, ou sentir uma

---

65. Ibid., p. 452.

66. Ibid.

afeição mais forte pelo primeiro que pelo segundo[67].

Com efeito, somente em raríssimos casos nossos julgamentos morais são derivados exclusivamente do sentimento, sendo necessário que a racionalidade tome partido indicando o verdadeiro valor do objeto em questão, e, em muitos casos, orientando ações que possam se adequar às sensações que impulsionam a conduta moral. Nesse sentido, o filósofo afirma que a razão pode influenciar nossa conduta de duas maneiras: primeiramente despertando uma paixão ao nos informar sobre a existência de alguma coisa que possa desencadeá-la, ou, como segunda possibilidade, avaliando a conexão de causa e efeito que há entre estímulo e resposta quando estamos sob a influência de uma tal sensação. Esses são os únicos tipos de juízos que a razão pode elaborar em face das ações morais geradas pelas paixões.

Hume ressalta, ainda, que é preciso reconhecer que esses juízos podem ser frequentemente falsos ou errôneos, como, por exemplo, alguém que toma providências erradas para atingir um certo fim, e, devido à sua conduta equivocada, deixa de realizá-lo. Desse modo, o filósofo afirma que, nas de-

---

67. Ibid. Acerca da relação entre as paixões e os valores em Hume, cf. Pall Ardal. *Passion and Value in Hume's Treatise*, 1966.

cisões morais, as circunstâncias, os eventos e suas relações devem ser conhecidos a fim de que a mente sinta alguma impressão de afeto ou desagrado, estima ou repúdio, aprovação ou recriminação[68].

Daí provém a grande diferença entre um erro de fato e um erro de direito, e isso nos permite entender os motivos pelos quais um deles deve ser recriminado e o outro não. Os erros de fato estão longe de ser fonte de imoralidade e não conferem culpabilidade (ou responsabilidade moral) àquele que os cometeu, pois são inteiramente involuntários. Assim, quando o indivíduo se engana ou desconhece o poder que uma atitude tem de provocar dor ou prazer, ele é antes digno de pena do que propriamente de censura. Com efeito, Hume utiliza como exemplos clássicos para ilustrar suas ideias as mortes de Laio e Agripina[69]. No primeiro caso,

---

68. David Hume. *Resumo do tratado da natureza humana*, 1995, p 180.

69. Ibid., p. 180-181. Na Tragédia de Sófocles, Édipo segue inexoravelmente o destino traçado pelo deus Apolo que havia amaldiçoado seu pai, Laio, com a pena de assassinato pelo seu próprio filho. Édipo, sem o saber, mata Laio, e desposa sua própria mãe, Jocasta, cumprindo assim a maldição que recaiu sobre o seu pai. No ano 59, Nero ordenou à guarda pretoriana que assassinasse sua própria mãe, Agripina, sob a acusação de conspirar contra os interesses do imperador. O matricídio deu-se a partir da livre decisão do filho que considerava tal gesto necessário e útil aos interesses de Roma.

Édipo desconhecia seu parentesco com Laio e, com base nas circunstâncias daquele momento, formulou, de maneira inocente e involuntária, uma opinião errônea sobre o homicídio que veio a cometer. Já no segundo caso, ao matar Agripina, Nero tinha conhecimento prévio de todas as relações e circunstâncias relativas ao caso, porém o desejo de vingança prevaleceu sobre os sentimentos de dever e humanidade. Por conseguinte, segundo Hume, ainda que ambos os episódios tratem de condutas homicidas, apenas a ação de Nero seria criminosa e fonte de imoralidade, por estar fundada em um erro de *direito*, e não de *fato*.

Nesse sentido, as distinções morais não tratam do verdadeiro e do falso, mas do bem e do mal; elas não corrigem o erro, e sim a culpa; elas não são imediatamente determinantes e não podem ser comparadas com qualquer outra coisa. Os julgamentos de verdade não são desprovidos de eficácia, porém não dizem respeito ao bem e ao mal, pois estes valores motivam a conduta humana e, portanto, relacionam-se às paixões. Assim, segundo o filósofo, o fundamento da moralidade não pode se basear em um princípio que pertence à ordem da razão, pois "a moralidade é mais propriamente sentida que julgada"[70].

---

70. David Hume. *Tratado da natureza humana*, 2001, p. 510.

Para fundamentar tal afirmação, Hume explica que o indivíduo, diante da perspectiva de sentir dor ou prazer desencadeado por um fato, situação ou objeto, irá experimentar uma emoção de aversão ou propensão que o levará a evitar o que lhe provoca desprazer e a procurar aquilo que lhe gera satisfação. Segundo ele, "é a perspectiva de dor ou prazer que gera aversão ou propensão ao objeto; e estas emoções se estendem àquilo que a razão e a experiência nos apontam como as causas e os efeitos desse objeto"[71].

A percepção que temos das ações morais, sejam as nossas ou de outrem, decorre do nosso sentimento de aprovação ou reprovação. E, como a razão não participa da apreciação propriamente dita do bem e do mal, segue-se que nós os aprovamos ou rejeitamos imediatamente (ou seja, sem mediação racional). Este sentimento moral que nasce em nós decorre de uma impressão original própria à natureza humana: a possibilidade de sentir prazer ou dor. São tais sensações que nos permitem diferenciar o bem do mal guiando-nos para aquilo que suscita o prazer e desviando-nos daquilo que gera a dor. Com efeito, por meio do prazer ou desprazer, conferimos imediatamente um valor ao objeto, sem ter que previamente considerar ou explicar as

---

71. Ibid., p. 450.

propriedades do que foi percebido e sem precisar relacioná-lo a qualquer outra coisa, ordem, utilidade ou lei instituída[72].

O filósofo afirma que "ter o senso da virtude é simplesmente sentir uma satisfação de um determinado tipo pela contemplação de um caráter. O próprio sentimento [*feeling*] constitui nosso elogio ou admiração"[73]. Assim, toda ação praticada é julgada virtuosa ao suscitar no indivíduo um caráter amável e uma impressão de prazer; e é julgada viciosa ao despertar no sujeito a impressão de dor e um comportamento de aversão. Entretanto, segundo Hume, "não inferimos que um caráter é virtuoso porque nos agrada; ao sentirmos que nos agrada dessa maneira particular, nós de fato sentimos que é virtuoso"[74].

As inferências morais baseiam-se em relações de fato. O mérito ou o demérito de uma ação não é uma propriedade que advém de sua natureza, pois a ação recebe estas qualidades do sentimento de

---

72. Acerca da relação entre conhecimento, paixão e vontade, cf.: Johnmarshall Reeve. *Understanding motivation and emotion*, 2004 e também o importante estudo de Anthony Kenny. *Action, Emotion and Will*, 1963.

73. David Hume. *Tratado da natureza humana*, 2001, p. 510-511. Ainda sobre o papel das paixões na determinação do comportamento humano, cf. Simon Blackburn. *Ruling Passions*, 1998.

74. David Hume. *Tratado da natureza humana*, 2001, p. 511.

aprovação ou reprovação que ela provoca no sujeito. Portanto, a percepção da virtude ou do vício provém de um sentimento de aprovação ou censura que se refere a uma ação que é racionalmente determinada como útil ou inútil à humanidade. Em outras palavras, pode-se afirmar que os indivíduos são dotados de uma espécie de dispositivo natural que os permite agir de acordo com os interesses determinados por suas impressões originárias ou sensações primárias de prazer e dor. Esta faculdade é chamada de **senso moral**, cuja motivação se revela sob a forma de **simpatia**.

A capacidade de interagir sensorialmente com o outro é chamada por Hume de simpatia. Assim, a estrutura do comportamento moral encontra sua razão de ser no "sentimento de humanidade" particular a todos os indivíduos. Ele considera ainda que existem paixões propriamente altruístas, de modo que é pela capacidade de simpatizar que nós nos elevamos até o bem público, promovendo a paz, a harmonia e a ordem social[75].

Nesse sentido, a moral implica um sentimento comum a toda humanidade. O ímpeto para agir moralmente não decorre de algo estranho às sensações que nos motivam a realizar os desígnios de nossa condição natural: cooperar e estabeler liames

---

75. Ibid., p. 512.

sociais com os outros membros da comunidade. Assim, existe entre os homens algo como um sentimento moral mútuo que os leva a aprovar as mesmas coisas nas mesmas condições.

O princípio da simpatia está relacionado, portanto, a uma sensação de mal-estar e de dor ou de bem-estar e prazer, tornando-se capaz de revelar a outras pessoas o que sente um determinado indivíduo. Desta forma, a reprovação ou aprovação de um ato específico como moralmente justo ou injusto é, para Hume, resultado desse sentimento.

Ainda de acordo com o filósofo escocês, a propensão que temos para simpatizar com os outros se impõe como uma das mais importantes qualidades da natureza humana. Esta tendência aparece também como um instrumento fundamental de interação social, uma vez que nos permite comunicar nossas inclinações e sentimentos, por mais diferentes que sejam daqueles sentidos pelos demais indivíduos. Assim, diz ele, "é somente quando um caráter é considerado em geral, sem referência a nosso interesse particular, que causa essa sensação ou sentimento em virtude do qual o denominamos moralmente bom ou mau"[76].

A simpatia é basicamente facilitada por relações de contiguidade, consanguinidade e pela origem comum de um grupamento humano. Trata-se

76. Ibid.

da maneira pela qual um indivíduo estabelece uma relação sinérgica com o próximo sob a forma de vivência sensorial. Não se trata ainda de um sentimento, mas de uma predisposição para interagir. A interação simpática é uma espécie de transmissão de emoções, na medida em que significa a capacidade que temos de "entrar" nos sentimentos dos outros, nos identificando com seus prazeres e dores. A simpatia representa essa faculdade que faz com que a alegria de outrem – sobretudo se este nos for próximo – tenda a nos causar prazer, e o seu sofrimento a nos provocar desconforto[77].

Este fato comprovaria que os princípios da moral encontrariam seu fundamento nos sentimentos, já que as paixões são as forças propulsoras da vontade e da motivação para o bem[78]. Nesse sentido,

---

77. Para Hume, a noção de moral implica um sentimento comum a toda humanidade. A universalidade moral é representada por uma disposição sem objeto particular e sem interesse determinado. A isso ele chama de simpatia. Assim, a estrutura do comportamento moral encontra sua razão de ser no "sentimento de humanidade" particular a todos os indivíduos. Ele considera ainda que existem paixões propriamente altruístas, de modo que é pela simpatia que nós nos elevamos até o bem público, promovendo a paz, a harmonia e a ordem social.

78. Hume fundamenta seu postulado no seguinte raciocínio: "uma vez que a moral influencia as ações e emoções, segue-se que esta não pode derivar da razão, pois a razão por si, como já provamos, nunca pode exercer tal influência. A moral excita paixões e pro-

elas devem ter como fim a prática da benevolência e da satisfação geral. Isso significa que o interesse pessoal em realizar boas ações não deve ser o único critério constituidor da moralidade do indivíduo, pois a finalidade da moral, segundo o filósofo, consiste em promover a felicidade de todos. A ênfase dada à simpatia e às afecções alheias faz da doutrina moral de Hume uma espécie de utilitarismo altruísta, já que busca atingir o maior bem necessário ao eu e ao outro.

Ao defender a existência de uma espécie de predisposição humana a agir moralmente, percebe-se que Hume foi claramente influenciado pela noção de *senso moral* já presente em alguns de seus predecessores, como Shaftesbury (1671-1713), Francis Hutcheson (1694-1746) e Adam Smith (1723-1790)[79]. O senso ou sentimento moral consiste em

---

duz ou impede ações. A razão por si é totalmente impotente neste aspecto. Logo, as regras da moral não são conclusões da nossa razão" (David Hume. *Tratado da natureza humana*, 2001, p. 572).

79. Foi a partir dos escritos de Shaftesbury, cujo verdadeiro nome era Anthony Ashley-Cooper, que surgiu pela primeira vez a noção de *senso moral*. Esta ideia sugere que os indivíduos têm disposições inatas à moralidade, ou seja, trata-se de um dispositivo inerente à nossa constituição natural que nos permite distinguir o bem do mal, o justo do injusto. Hutcheson retomou e sistematizou as ideias de Shaftesbury. Segundo ele, é certo que formulamos julgamentos morais, aprovamos a virtude e rejeitamos o vício, e dirigimos nossa conduta segundo o bem e o mal. Entretanto, aquilo que

uma disposição inata que nos torna propensos a realizar ações de caráter moral com vistas à realização dos nossos interesses naturais: maximizar o prazer, minimizar a dor, sobreviver e se reproduzir. Hutcheson, por exemplo, assegura que as pessoas são motivadas a agir por certos desejos que são análogos aos sentidos e surgem diretamente a partir da constituição da natureza humana.

Ainda que não haja, em Hume, algo como um sentimento interno especificamente responsável pelas percepções de virtude e vício, como defendem Shaftesbury e Hutcheson, suas considerações a respeito do fundamento da moral estão, sem dúvida, de acordo com a *teoria das motivações humanas* presente nesses dois autores. A ação moral não estaria, pois, dissociada de um sentimento primitivo, cuja função consistiria em fornecer a motivação necessária à ação do sujeito. Todavia, é preciso pro-

---

importa imediatamente é admitir a existência de um *senso moral* que devemos à nossa constituição natural e é distinto do *senso natural* através do qual cada um se move a partir de seus interesses particulares. Ademais, o *senso moral* tem por objetivo o bem comum, a utilidade pública e é determinado por um amor à humanidade em geral, ao qual Hutcheson deu o nome de *benevolência* (cf. Monique Canto-Sperber, *Dictionnaire d'Éthique et de Philosophie Morale*, 1996, p. 674-675). Sobre o pensamento de Shaftesbury e sua noção de senso moral, cf. Michaël Biziou. *Shaftesbury – Le sens moral*, 2005. Em Adam Smith essa noção é, sobretudo, tratada em sua obra *The Theory of Moral Sentiments*, 2002.

curar quais são as propriedades da ação que, causando o prazer ou a dor, determinam o sentimento moral louvável ou reprovável, os quais qualificam a ação como virtuosa ou viciosa, ou seja, é preciso "encontrar alguns princípios mais gerais que fundamentem todas as nossas ações morais"[80]. Assim, devemos procurar os princípios da natureza humana que justificam a relação entre os sentimentos que vivenciamos e as ações que empreendemos no campo da moral. A fim de fortalecer seu argumento, Hume indica que:

> nunca houve no mundo uma só nação, e nunca houve em nenhuma nação uma só pessoa que fosse inteiramente desprovida desses sentimentos, e que nunca, em caso algum, tenha mostrado a menor aprovação ou reprovação de uma conduta. Tais sentimentos estão enraizados em nossa constituição e caráter que, a menos que a mente humana esteja completamente transtornada pela doença ou pela loucura, seria impossível extirpá-los ou destruí-los[81].

---

80. David Hume. *Tratado da natureza humana*, 2001, p. 513. Acerca da importância que a noção de *senso moral* assume na filosofia britânica do século XVIII, cf. Bernard Baertschi. "Sens moral et conscience morale". In: Canto-Sperber (dir.). *La philosophie morale britannique*, 1996.

81. David Hume. *Tratado da natureza humana*, 2001, p. 513-514.

Ainda que algumas paixões possam ser danosas aos nossos interesses e estratégias de ação, elas não são em si mesmas um sinônimo de vício, desmesura ou irracionalidade. Convém, se for o caso, diz Hume, vivê-las com moderação, mas jamais devemos eliminá-las pelo simples fato de serem o que são: paixões. E por mais que possam ser abruptas e imprevisíveis, elas determinam nossa relação com o mundo, conferindo-lhe, ao mesmo tempo, um sentido. Ademais, as paixões, como vimos, estão na origem de nossas elaborações mentais já que, conforme indica o filósofo, nossos juízos pressupõem um sentimento de aprovação (ou reprovação) em face de certos tipos de conduta ou de certas qualidades de caráter. Hume considera que tal aprovação é originalmente sensorial, posto que se faz determinar pela sensação de prazer (ou desprazer) desencadeada. Os vícios e as virtudes, assim como o bem e o mal, estão assim associados ao prazer que procuramos alcançar e ao sofrimento que tentamos evitar.

Ao encontrar no âmbito das sensações a base de apoio de todo comportamento moral, Hume elimina a ideia de um bem supremo metafísico e universal ao qual a conduta humana deveria se conformar. Os princípios de ordem geral são inócuos para guiar a ação humana, haja vista que esta é sempre balizada pelas noções de bem e mal, cujas origens remontam, como já sabemos, às afecções humanas de prazer e dor. A moralidade representa um conjunto de qualidades, valores e princípios admitidos por um grupo de pessoas, sendo que tais elementos são aprovados de acordo com os sentimentos que proporcionam. Portanto, a vida moral decorre de duas impressões originárias que fundam nossa existência: o prazer e a dor. Em resumo, a moral é, antes de tudo, uma questão de sentimento.

Portanto, segundo Hume, a razão sozinha jamais poderia fundamentar a moral, pois ela necessita de um sentimento básico de dor e prazer, relacionado não só às nossas motivações particulares, mas também aos interesses mais profundos da humanidade: realizar prazerosamente a virtude, escapar da sofreguidão do vício, sobreviver e se reproduzir. Eis o que diz o filósofo:

> Mas haverá alguma dificuldade em se provar que o vício e a virtude não são questões de fato, cuja existência possamos inferir pela razão? Tomemos qualquer ação reconhecidamente viciosa: o homicídio voluntário, por exemplo. Examinemo-lo sob todos os pontos de vista, e vejamos se podemos encontrar o fato, ou a existência real, que chamamos *vício*. Como quer que a tomemos, encontraremos somente certas paixões, motivos, volições e pensamentos.

Não há outra questão de fato neste caso. O vício escapa-nos por completo, enquanto consideramos o objeto. Não o encontraremos até dirigirmos nossa reflexão para nosso próprio íntimo e darmos com um sentimento de desaprovação, que se forma em nós contra essa ação. Aqui há um fato, mas ele é objeto de sentimento [*feeling*], não da razão. Está em nós, não no objeto. Desse modo, quando declaramos que uma ação ou caráter são viciosos, tudo o que queremos dizer é que, dada a constituição de nossa natureza, experimentamos uma sensação ou sentimento [*a feeling or sentiment*] de censura quando os contemplamos. O vício e a virtude, portanto, podem ser comparados a sons, cores, calor e frio, os quais, segundo a filosofia moderna, não são qualidades nos objetos, mas percepções na mente[82].

Nesse trecho, estão presentes algumas das características mais marcantes da teoria moral humeana: primeiramente, a atribuição das distinções morais a um sentimento; em segundo lugar, a declaração de que tal sentimento é determinado pela constituição da natureza humana, implicando, assim,

---

82. Ibid., p. 508.

que a moralidade ou imoralidade de uma ação não está no objeto, mas no sujeito que o observa.

Com isso, conclui-se que a teoria moral de Hume é uma forma de subjetivismo, ou seja, uma concepção segundo a qual a distinção entre virtude e vício é redutível aos sentimentos de aprovação e de desaprovação. Os juízos morais tão somente expressam nossos desejos ou sentimentos pessoais, já que nada dizem de verdadeiro ou falso sobre o mundo, mas apenas manifestam as nossas reações psicológicas diante de fatos percebidos. Eis, por fim, a fonte originária da moral: a experiência sensorial que anima nossa natureza.

Oitava lição

A justiça

Vimos que, em Hume, a moral constitui-se a partir de postulados empíricos, já que a experiência sensorial aparece como a fonte do caráter e das convicções morais do sujeito. Desse modo, qualquer indivíduo é capaz de distinguir, pela via da experiência, as impressões causadas pelas virtudes daquelas geradas pelos vícios[83]. Nesse sentido, o filósofo assegura que

> mesmo um homem de enorme insensibilidade será frequentemente tocado pelas imagens do certo e do errado e, ainda que seus preconceitos sejam os mais obstinados, irá certamente aperceber-se de que outras pessoas experimentam sensações análogas[84].

---

[83]. David Hume, *Uma investigação sobre os princípios da moral*, 1995, p. 20.

[84]. Ibid., p. 20.

Acrescentando ainda que

> a finalidade de toda especulação moral é ensinar-nos nosso dever, e, pelas adequadas representações da deformidade do vício e da beleza de virtude, engendrar os hábitos correspondentes e fazer-nos evitar o primeiro e abraçar a segunda[85].

Logo, a constituição das virtudes ao longo da história da humanidade reflete um gradativo processo de aquisição de certos hábitos e conceitos que se estabelecem com um único fim: o bem da humanidade[86].

As primeiras organizações sociais revelam, como um dos elementos decisivos para entender a sua origem, uma característica biológica da espécie humana: a falta de capacidade de sobreviver após o nascimento e a situação desprotegida da criança até um determinado período da vida. Em outras palavras, o homem, desde a mais tenra infância, precisa da proteção do grupo, seja ele familiar ou social, para sobreviver.

---

85. Ibid., p. 22-23.

86. Sobre isso diz Hume: "se examinarmos as leis particulares pelas quais se administra a justiça e se determina a propriedade, estaremos mais uma vez diante da mesma conclusão: o bem da humanidade é o único objetivo de todas estas leis e regulamentos" (David Hume. *Uma investigação sobre os princípios da moral*, 1995, p. 48).

A família aparece como peça indispensável à instauração da vida em sociedade[87]. A inaptidão do homem para sobreviver isoladamente fez surgir a família como esteio para a sua preservação. Com isso, o indivíduo foi motivado por determinados fatores, entre os quais a associação e a cooperação, a manter-se em sociedade, posto que somente assim ele se tornaria capaz de superar suas deficiências e atender às suas carências.

O impulso que orienta o homem em direção à sociabilidade decorre de uma tendência já definida na teoria humeana das paixões, na qual se indicou que toda ação é determinada por impressões primárias (dor, prazer) ou secundárias (paixões, emoções). Assim, qualquer fato desprovido de caracteres agradáveis ou desagradáveis não despertaria interesses e, portanto, não afetaria as ações humanas.

Aliado a essa propensão do indivíduo a procurar o prazer e a escapar do sofrimento, que sob a forma de desejo influencia toda a ação humana,

---

87. Na perspectiva humeana, parece indiferente que se trate da família patriarcal ou matriarcal, poligâmica ou monogâmica. Ele pretende simplesmente demonstrar que o ser humano, durante um considerável período de sua existência, vive necessariamente no seio de um grupo, seja qual for a estrutura precisa desse grupo. No texto humeano, o termo "família" designa apenas o grupo sexual voltado para a procriação. Cf. João Paulo Monteiro. *Teoria, retórica, ideologia*, 1975, p. 38.

existe um elemento essencial à constituição da sociabilidade: a **necessidade**. Ao contrário de outros animais, as características físicas do homem o obrigam a procurar alimento, vestuário e moradia, dentre outros meios necessários à sua sobrevivência. O fato é que seus atributos e capacidades naturais não atendem essas necessidades, gerando um profundo desequilíbrio entre os seus desejos e os meios que ele dispõe para satisfazê-los. Eis por que, diz Hume, "apenas no homem se pode observar, em toda a sua perfeição, essa conjunção antinatural de fragilidade e necessidade"[88].

O temperamento natural dos seres humanos, bem como as circunstâncias externas, podem trazer riscos à convivência dos indivíduos. Os homens passam a cooperar em razão dessa necessidade de superar seu estado selvagem. Eis por que viver em sociedade traz vantagens evolutivas, pois não apenas fortalece a coexistência identitária, mas também torna os indivíduos mais aptos a enfrentar as adversidades do meio e as ameaças provenientes dos inimigos naturais.

Assim, relativamente às suas necessidades (alimentação, habitação, segurança), o homem, dentre todos os animais, é o que tem menos recursos e, por conseguinte, aquele que deve depreender o maior

---

88. David Hume. *Tratado da natureza humana*, 2001, p. 525.

esforço para consegui-los. Por isso, para suprir tais deficiências e alcançar uma superioridade sobre os demais seres, o homem necessita viver em sociedade, já que, como vimos, não lhe é possível satisfazer suas necessidades fundamentais vivendo em um estado de natureza.

É a partir deste contexto natural marcado por fragilidades e carências que se pode entender a origem da sociedade. E ainda que sua gênese decorra de um conjunto de fenômenos biológicos, geográficos e físicos, ela, segundo Hume, não deriva diretamente da natureza, pois se trata de uma criação humana. Com efeito, a sociedade surge para compensar as deficiências humanas e garantir ou ampliar suas chances de sobrevivência[89].

O fator decisivo para que a vida em sociedade se imponha como um estágio superior à existência natural humana é a cooperação mútua entre os indivíduos, pois somente as relações em bases cooperativas são capazes de possibilitar avanços e conquistas, tais como a organização do trabalho, a produção de bens e a satisfação de necessidades vitais, as quais seriam impossíveis em um estágio natural e selvagem.

O trabalho em conjunto, por exemplo, passou a representar para o grupo humano e, por conseguin-

---

89. Ibid., p. 526.

te, para cada indivíduo, um acréscimo de força e de conquistas materiais. Assim, se antes o homem ocupava uma condição de fraqueza e vulnerabilidade, com a organização produtiva ele tornou-se mais forte em razão da aquisição de habilidades e competências que o permitiram dominar a natureza e se impor diante dos demais seres vivos.

A sociedade serviu, pois, para compensar e neutralizar a fragilidade que há no estado primitivo. Ela, ademais, seria algo inútil e desprovido de sentido se a natureza humana não fosse governada pelos interesses e necessidades que formam sua índole passional. Assim, como as vantagens de viver em sociedade se revelam inquestionáveis, sua manutenção torna-se algo necessário e interessante ao homem.

Não obstante suas inegáveis vantagens, a vida em sociedade não está livre de perigos e inconvenientes, pois o seu crescimento tende a torná-la cada vez mais complexa, além de ampliar os desafios que devem ser suplantados para a satisfação das necessidades dos seus membros, Assim, por exemplo, os bens tendem a ficar escassos podendo ocorrer eventuais conflitos pela sua posse, colocando, com isso, em risco o seu equilíbrio e a sua preservação. A fim de afastar esta ameaça, os homens recorrem a leis que garantam a estabilidade da posse. A conquista e preservação da propriedade privada e dos bens materiais aparecem como fruto das convenções humanas, sendo este o pressuposto do surgimento da Justiça.

Hume apresenta suas ideias sobre a justiça principalmente em duas obras: o *Tratado da natureza humana* e *Investigação acerca dos princípios da moral*. Além delas, encontramos referências importantes sobre o tema em seus *Ensaios morais, políticos e literários*. No Livro III, Parte II, Seção II do *Tratado*, cujo título é "Da origem da justiça e da propriedade", o filósofo afirma que:

> De todos os animais que povoam o nosso planeta, à primeira vista parece ser o homem aquele contra o qual a natureza foi mais cruel, dadas as inúmeras carências e necessidades com que o cobriu e os escassos meios que lhe forneceu para aliviar essas necessidades[90].

Alguns animais vorazes, como o leão, podem até possuir necessidades mais primitivas e radicais; todavia, eles têm meios mais aprimorados para satisfazê-las, visto que são dotados de força, ímpeto e agilidade. Outros animais, como o cordeiro, não são dotados de "armas naturais" sofisticadas, porém seus apetites se revelam mais moderados e suas necessidades geralmente são mais fáceis de satisfazer.

---

90. Ibid., p. 525.

A sociedade teria, então, a função de compensar essa indigência dos meios que são próprios aos homens, oferecendo-lhe condições de satisfazer tais necessidades. Nesse sentido, Hume sustenta que:

> Somente pela sociedade ele [*o homem*] é capaz de suprir suas deficiências, igualando-se às demais criaturas, e até mesmo adquirindo uma superioridade sobre elas. Pela sociedade, todas as suas debilidades são compensadas; embora, nessa situação, suas necessidades se multipliquem a cada instante, suas capacidades se ampliam ainda mais, deixando-o, em todos os aspectos, mais satisfeito e feliz do que jamais poderia se tornar em condição selvagem e solitária. [...] A conjunção de forças amplia nosso poder; a divisão de trabalho aumenta nossa capacidade; e o auxílio mútuo nos deixa menos expostos à sorte e aos acidentes. É por essa força, capacidade e segurança adicionais que a sociedade se torna vantajosa[91].

A justiça, portanto, com base nessa compreensão, revela-se como algo necessário pelo fato de ser útil à sociedade. Ademais, ela se revela tão útil e necessária que até mesmo os grupos sociais mais

---

91. Ibid., p. 526.

primitivos, cujas estruturas estão calcadas, segundo Hume, no banditismo e no roubo, possuem seus próprios critérios de justiça como algo necessário para a manutenção de seu convívio e subsistência. Eis o que ele diz acerca disso:

> Mesmo em sociedades que estão estabelecidas sobre os princípios mais imorais e mais destrutivos dos interesses da sociedade em geral, são requeridas certas regras que uma espécie de falsa honra, bem como de interesse privado, obriga os membros a observar. Assaltantes e piratas, já se notou muitas vezes, não poderiam manter sua perniciosa associação se não estabelecessem entre si uma nova justiça distributiva e recorressem àquelas mesmas leis de equidade que violam no que diz respeito ao resto da humanidade[92].

Os homens em sociedade contraem relações baseadas em princípios, regras, mandamentos, o que lhes permite uma organização produtiva mais eficiente e ágil. Porém, os bens possíveis de adquirir, seja por meio da sorte ou do trabalho, são, frequentemente, limitados ou insuficientes para saciar os desejos e as necessidades de todos. Além do

---

92. David Hume. *Uma investigação sobre os princípios da moral*, 1995, p. 71.

que, tais bens podem ser subtraídos pela violência alheia, por inclinações ou volições primitivas tão comuns aos homens. A natureza em si jamais poderia remediar esses inconvenientes, nem, tampouco, controlar tais desmesuras.

A solução para esse impasse não se encontra na natureza, mas em um artifício: na ideia de justiça. Esta noção aparece como uma formulação do entendimento que busca solucionar o que há de irregular e inconveniente nos afetos e apetites humanos. A justiça resguardaria os bens e a propriedade tornando-os estáveis a fim de que todos possam gozar pacificamente daquilo que conquistaram por meio da sorte ou do trabalho. Para tanto, criou-se uma convenção a fim de tornar mais difícil e menos vantajoso a um indivíduo subtrair algo que não lhe pertence. A posse segura de um bem e a constituição de um clima de respeito e harmonia estariam entre as principais finalidades visadas pela regulação convencional das relações sociais. O interesse comum dos indivíduos de viverem sob a égide da paz e da satisfação de suas necessidades os faz erigir princípios artificiais para realizar aqueles fins naturais já indicados: a conquista ou maximização do prazer, a fuga da dor, a preservação e a reprodução da sua condição natural.

Na Parte I, da Seção III da *Investigação acerca dos princípios da moral*, Hume sintetiza assim o aparecimento da justiça:

Suponha-se, porém, que a natureza tenha estabelecido a conjunção dos sexos: uma família surge então imediatamente, e como certas regras particulares são exigidas para a sua subsistência, estas são imediatamente adotadas, embora não abranjam o restante da humanidade em suas prescrições. Suponham-se agora que várias famílias se unam em uma sociedade que está totalmente separada de todas as outras: as regras que preservam a paz e a ordem ampliar-se-ão até abranger essa sociedade em toda sua extensão, mas perdem sua força quando levadas um passo adiante, já que se tornam então inteiramente inúteis. Mas suponha-se, indo além, que diversas sociedades distintas mantenham um tipo de relacionamento para a vantagem e conveniências mútuas: as fronteiras da justiça se ampliarão ainda mais, em proporção à amplitude das perspectivas dos homens e à força de suas mútuas conexões. A história, a experiência e a razão nos instruem o suficiente sobre este progresso natural dos sentimentos humanos e sobre a gradual ampliação de nosso respeito pela justiça à medida que nos familiarizamos com a extensa utilidade dessa virtude[93].

---

93. Ibid., p. 47-48.

Por se constituir como uma virtude artificial, a justiça não faz parte de um "direito natural". Ela é a fonte de constituição da sociedade civil e política e não pode ser reduzida a uma perspectiva jusnaturalista. Para Hume, a justiça constitui o repertório de criações erigidas pelos homens com vistas a legitimar ações e promover o seu bem-estar.

Nesse sentido, o direito não aparece como a positivação de um ideal, mas de uma convenção social e politicamente determinada. Trata-se, pois, de constituir, pela via do direito, as condições mínimas necessárias à convivência pacífica do corpo social e à colaboração entre os homens na sociedade civil. O direito é, portanto, um artifício criado pelos homens destinado à manutenção da ordem social.

Hume afirma ainda que a justiça destina-se também à proteção da propriedade privada, pois o desenvolvimento das sociedades amplia a complexidade das relações econômicas e comerciais, de modo que se faz necessário o estabelecimento de regras de justiça que possam "dar a cada um o que lhe é devido".

Assim, em nome da estabilidade social, o filósofo escocês associa a ideia de justiça a uma virtude que está fundada no direito de propriedade. Para ele, existem três regras básicas de justiça que são capazes de atender às necessidades de segurança em relação ao domínio da propriedade e, desta forma, estabilizar um sistema de mercado e trocas de bens entre indivíduos: **a regra da estabilidade da posse**; **a regra da transferência da propriedade por consentimento**; e, finalmente, **a regra do cumprimento das promessas**. Tais regras serviriam para regulamentar a distribuição dos serviços e das mercadorias que, teoricamente, contribuiriam para a felicidade coletiva, pois criariam condições para que os indivíduos pudessem prosperar por meio do desenvolvimento de suas habilidades e do trabalho. As regras que disciplinam a aquisição, posse e transferência de propriedade privada são necessárias para a paz social. Assim, a regra de justiça é válida na medida em que se torna aceita por todos os homens e essa aceitação está baseada na consequência benéfica que tal regra pode trazer ao convívio social. Eis o que diz o filósofo a este propósito:

> É certo que o meio mais eficaz que os homens têm de levar em conta seu próprio interesse é pela observância inflexível e universal das regras da justiça, única coisa que lhes permite preservar a sociedade, impedindo-os de cair naquela condição miserável e selvagem, comumente representada como o estado de natureza[94].

---

94. David Hume. *Tratado da natureza humana*, 2001, p. 573.

A preservação da sociedade se impõe como a condição de satisfação das necessidades que nos animam. As regras de justiça permitem o usufruto dos bens adquiridos, de modo que o atendimento dos interesses dos indivíduos isoladamente poderia garantir o bem-estar de todos. Eis por que "a justiça tira a sua origem exclusivamente do egoísmo e da generosidade restrita dos homens, em conjunto com a escassez das provisões que a natureza ofereceu para as suas necessidades"[95]. Como se percebe, o primeiro motivo para a instauração da justiça é o interesse próprio, representado pelo desejo de conquistar e usufruir de determinado objeto, e pela benevolência limitada aos nossos familiares e amigos. Assim, mesmo que os indivíduos percam o interesse em respeitar as regras de justiça, eles não deixam de perceber o sofrimento de alguém quando é cometido por um ato de injustiça. E ainda que possam se orientar por interesses egoístas no usufruto de bens, eles jamais deixam também de se guiar pelo princípio de simpatia diante de alguém que sofre uma situação de carência ou privação.

Pode-se concluir que a justiça é, para Hume, a condição de existência da sociedade. Ela resulta do interesse humano de constituir relações sociais e políticas livres dos preceitos metafísicos ou das entidades religiosas e que sejam balizadas por prin-

---

95. Ibid., p. 536.

cípios que possam favorecer a vida no interior de uma comunidade. Esta é representada como uma associação de indivíduos proprietários que buscam satisfazer interesses recíprocos a partir de condições convencionadas, alienadas de qualquer fundamento natural ou sentido transcendente. Alguns fatores, como a educação, a convivência no interior familiar e a constatação da sua utilidade social auxiliam a promoção da justiça como uma virtude a ser cultivada e respeitada por todos os membros da sociedade, criando, ao mesmo tempo, uma obrigação relativa à observância de suas regras.

Todavia, o perigo de conflitos e convulsões sociais se faz sempre presente, de modo que, para tentar evitá-lo, torna-se imprescindível a criação de mais um instrumento destinado a combater a desordem na sociedade e promover a paz social. Este artifício é representado pelo governo. É do governo e da teoria política de Hume que tratamos na próxima lição.

Nona lição

A teoria política

O objeto da teoria política de Hume consiste em compreender os homens em sociedade, mas, para tanto, é necessário primeiramente esclarecer como e por que teve início a sociedade. Apesar de reconhecer a dificuldade em retraçar a origem das primeiras sociedades, Hume, em sua *Investigação sobre os princípios da moral* e nos *Ensaios morais, políticos e literários*, tenta recuperar alguns vestígios escassos, embora significativos, acerca dessa origem. Assim, diz ele: "nascido em uma família, o homem é obrigado a conservar a sociedade, por necessidade, por inclinação natural e por hábito"[96].

---

96. David Hume. *Ensaios morais, políticos e literários*, 1999, p. 193. O hábito, enquanto princípio uniforme da natureza humana, é imprescindível para esclarecer a etapa inicial de associação entre os indivíduos no interior da sociedade. Ele, portanto, atua de forma decisiva para viabililizar a vida social, já que, entre muitas vantagens, possibilita "antever" o futuro pelas experiências de acontecimentos semelhantes no passado.

Ora, vimos que, por intermédio da justiça, os indivíduos tentam garantir seus interesses, abstendo-se dos bens de outrem e, portanto, de satisfações que pudessem colocar em risco sua integridade física ou mesmo sua vida. Porém, os homens também são regidos pela busca de prazeres imediatos ou conquistas egoístas que, frequentemente, prevalecem sobre as aspirações coletivas. Os interesses imediatos podem se revelar mais proeminentes do que as ações geradoras de harmonia e coesão sociais.

Por isso, além do princípio de justiça, a sociedade precisa de uma instância que possa zelar pela observância das normas e, sobretudo, seja capaz de aplicar sanções aos que adotam comportamentos incompatíveis com os interesses gerais. Tal tendência da natureza humana tende a suprimir a vontade de seguir os princípios de justiça necessários à preservação da sociedade. Segundo o filósofo,

> é por essa razão que os homens, com tanta frequência, agem em contradição com seu reconhecido interesse; em particular, é por essa razão que preferem qualquer vantagem trivial, mas presente, à manutenção da ordem na sociedade, que depende em tão grande medida da observância da justiça[97].

---

97. David Hume. *Tratado da natureza humana*, 2001, p. 574.

Com efeito, a própria constituição da natureza humana exige, pois, a criação de um governo que zele pela observância de tais princípios. Ademais, o governo também se revela importante para a manutenção da justiça e para a consequente preservação da sociedade. Ora, se não é possível alterar de forma substancial nossa natureza, é necessário tornar a justiça parte integrante dos nossos interesses mais imediatos e sua violação algo que deve ser evitado. Nesse sentido, afirma Hume:

> [...] Como é impossível mudar ou corrigir algo importante em nossa natureza, o máximo que podemos fazer é transformar nossa situação e as circunstâncias que nos envolvem, tornando a observância das leis da justiça nosso interesse mais próximo, e a sua violação, nosso interesse mais remoto[98].

O governo, então, seria o principal instrumento destinado a fazer com que o cumprimento da Justiça se tornasse algo de interesse geral e imediato dos indivíduos em sociedade[99]. A observância das

---

98. Ibid., p. 576.

99. Os mais variados mecanismos, tais como a coerção e a atuação de princípios da natureza humana (costume e hábito), principalmente junto às crianças, durante o processo de educação e aprendizado, tornaria possível a manutenção da ordem pelo Go-

regras da justiça deveria ser fiscalizada por aqueles que têm como função precípua escolher as leis que regularão a vida em sociedade e determinar como as mesmas serão executadas. Tais tarefas são atribuições dos magistrados, reis, ministros, governantes e dirigentes. Esses indivíduos, e suas respectivas funções, compõem aquilo que Hume chama de governo:

> São essas pessoas que chamamos de magistrados civis, reis e seus ministros, nossos governantes e dirigentes, que, por serem indiferentes à maior parte da sociedade, não têm nenhum interesse ou têm apenas um remoto interesse em qualquer ato de injustiça, e que, estando satisfeitos com a sua condição presente e com o seu papel na sociedade, têm um interesse imediato em cada cumprimento da justiça, tão necessária para a manutenção da sociedade. Eis aqui, portanto, a origem do governo e da obediência civil[100].

verno e distanciaria o risco da desordem social, provocada pela prevalência dos interesses pelos objetos próximos, característicos das paixões violentas. Em outras palavras, a estabilidade e a ordem sociais, por meio do controle das paixões violentas se concretizaria através da imposição da ordem e do constrangimento.

100. David Hume. *Tratado da natureza humana*, 2001, p. 576.

Ainda que magistrados e homens públicos gozem da prerrogativa de obrigar os seus súditos a obedecerem às leis, não se pode deixar de salientar que, em muitas situações, a obediência e a aprovação das mesmas ocorre voluntariamente, não sendo, pois, preciso medidas coercitivas ou ameaças de punição a quem descumpri-las. Eis como Hume resume tal ideia: "Em poucas palavras: a obediência é um novo dever que precisa ser inventado para sustentar o da Justiça, e os laços da equidade devem ser reforçados pelo da sujeição"[101].

Desse modo, é preciso ressaltar que a obediência ao governo pelos indivíduos e, ainda, o reconhecimento por parte dos cidadãos da legitimidade da coerção que lhes é imposta pelos magistrados revelam o peso da influência de alguns elementos que cooperam bastante para esta situação, dentre os quais Hume destaca o costume e a educação. Senão vejamos:

> A educação e o artifício dos políticos concorrem para proporcionar uma moralidade adicional à lealdade e para estigmatizar toda rebelião com um grau maior de culpa e infâmia[102].

---

101. David Hume. *Ensaios morais, políticos e literários*, 1999, p. 194.

102. David Hume. *Tratado da natureza humana*, 2001, p. 585. Sobre a relação entre moral e política em Hume, cf. John Stewar. *The Moral and Political Philosophy of David Hume*, 1963.

> O tempo e o costume conferem autoridade a todas as formas de governo e a todas as dinastias de príncipes; e o poder que de início se fundava apenas na injustiça e na violência se torna, com o tempo, legítimo e obrigatório[103].

Ainda que o considere bastante necessário, Hume sabe que é impossível que o governo exerça suas funções perfeitamente em todas as ocasiões. Ele acredita, ainda, que algumas sociedades pequenas possam se conservar sem a presença de um governo. Todavia, é impossível que sociedades maiores consigam, sem ele, manter por muito tempo a existência da justiça, a qual, como já indicamos, é estritamente necessária à sua conservação. Nesse sentido, Hume afirma que "a distribuição da justiça [...] deve ser considerada, em última análise, como o único objetivo e finalidade de todo o vasto mecanismo de nosso governo"[104].

Em síntese, o governo é mais um instrumento destinado à preservação do equilíbrio da sociedade, pois, além de assegurar o cumprimento e a execução das regras de justiça pela população, ele tem a função de dirimir os conflitos e superar as eventu-

---

103. David Hume. *Tratado da natureza humana*, 2001, p. 606.

104. David Hume. *Ensaios morais, políticos e literários*, 1999, p. 193.

ais controvérsias relativas ao emprego de tais princípios. É para tornar mais dinâmico e eficaz esse papel que surge a figura do Estado.

O Estado e suas funções

O pensamento humeano defende a ideia de que os indivíduos regem suas vidas segundo suas motivações particulares, sendo aqueles, geralmente, incapazes de visualizar o interesse público como condição de possibilidade para a conquista do bem-estar coletivo. É por essa razão que Hume analisa as convenções sociais como mecanismos que buscam consolidar o interesse público a partir da determinação das regras de justiça, a fim de evitar a supremacia dos interesses particulares.

Hume inicialmente considera que a origem do governo não pode ser compreendida como o resultado de um contrato. Para ele, como vimos, algumas sociedades poderiam ter vivido um período de segurança sem a existência de relações contratuais, pois em um estágio primitivo os homens estruturaram as suas relações de convivência sem a invenção de autoridades, sejam elas formais ou transcendentes. Assim, foi somente quando se deu a escassez dos bens e a emergência dos interesses egoístas (*self-interest*) é que se tornou necessário o aparecimento de um governo.

Os governos são uma invenção humana e a obediência política não deve ser fundada na promessa de um contrato social. Para Hume não há qualquer possibilidade de o governo ter surgido apenas por um capricho do destino ou por motivações de índole contratualista. O poder político e a obediência ao governo resultam do interesse dos indivíduos em se submeter à autoridade política, já que o governo, ao promover a sustentação da sociedade, acaba também acarretando benefícios individuais. Nesse sentido, Hume afirma que:

> A segurança do povo é a lei suprema; todas as outras leis particulares são subordinadas a esta lei e dela dependem. E se no curso *ordinário* das coisas elas são seguidas e levadas em consideração, é apenas porque a segurança e o interesse públicos ordinariamente requerem um exercício assim equânime e imparcial[105].

Hume assegura que o Estado, para ser instaurado, requer o raciocínio e a avaliação mais acurada das necessidades da comunidade em seu conjunto. Com efeito, é a partir dessa avaliação que se obtém o reconhecimento da importância do governo para a sociedade. Deve-se concluir, portanto, que a submissão ao governo não advém de qualquer promessa feita pelo governante, mas do pleno e consciente

---

105. Ibid., p. 53.

reconhecimento, por parte dos governados, da necessidade da obediência para assegurar a paz e a prosperidade. Desta forma, tem-se um argumento consequencialista como base de sustentação para a criação e manutenção do poder político.

Segundo Hume, o governo possui duas funções básicas. A primeira consiste na execução da justiça, pois deve assegurar o cumprimento das três regras de justiça que garantem a posse e a transmissão da propriedade; a segunda função refere-se à decisão de praticá-la, que pode ser entendida como a capacidade que o governo possui de unir as qualidades individuais dos cidadãos em projetos gerais, como a construção de uma estrada, por exemplo. Ademais, segundo Hume,

> por meio dessas duas vantagens, que se encontram na execução e na decisão da justiça, os homens adquirem segurança contra a fraqueza e as paixões dos demais, e também contra as suas próprias; e, sob a proteção de seus governantes, começam a saborear confortavelmente a parte doce da sociedade e da assistência mútua[106].

Esse esforço cooperativo que o governo canaliza para a sociedade faz com que os indivíduos se convençam de que tal instituição é benéfica para todos.

---

106. David Hume. *Tratado da natureza humana*, 2001, p. 577.

Submetidos à situação de risco oriunda da disputa por propriedades, os indivíduos são impulsionados a ter sentimentos de repulsa pela dor gerada por tal conflito e, consequentemente, desenvolvem um interesse pelo bem público. Para que este bem possa ser devidamente assegurado, criam-se instâncias artificiais, como os princípios de justiça e o governo, que somente se tornam possíveis porque os indivíduos pensam de forma utilitária ao defenderem as instituições como forças capazes de promover o bem-estar para a maioria dos membros da sociedade.

Em seu ensaio *Do contrato original*, Hume afirma que a ideia de que os homens obedecem ao governo simplesmente porque devem cumprir um contrato não é confirmada pela experiência. Esta revela que a maior parte dos governos de sua época foi constituída por usurpação, conquistas arbitrárias ou, simplesmente, pelo uso da força, o que resultou na dissolução de governos anteriores. E tudo isso ocorreu, segundo o filósofo, "sem qualquer pretensão de legítimo consentimento ou sujeição voluntária do povo"[107]. Ademais, se tais governos se firmaram como legítimos, isso se deve ao fato de que foram em geral bem-sucedidos ou então por-

---

107. David Hume. *Ensaios morais, políticos e literários*, 1999, p. 201.

que tiveram longevidade, acarretando, com isso, a simpatia do povo. Nas raras situações em que houve um consentimento tácito e prévio à instauração de um governo, este se revelou irregular, limitado e contaminado por fraudes e violência, o que acabou por conspurcar o valor e a importância de tal aceitação. Os fatores que justificam a adesão de um povo a um governo são expostos abaixo:

> [...] seja por que meios for, o povo fica geralmente descontente com ele, e obedece mais por medo e necessidade do que em virtude de qualquer ideia de fidelidade ou de obrigação moral. O príncipe está atento e vigilante, precisando se precaver cuidadosamente contra qualquer início ou sinais de insurreição. O tempo vai gradualmente fazendo desaparecer todas estas dificuldades, e habituando o povo a reconhecer como seus príncipes legítimos ou naturais os membros daquela mesma família que de início havia considerado uma família de usurpadores ou conquistadores estrangeiros. E para fundamentar esta opinião não recorrem a nenhuma noção de promessa ou consentimento voluntário, o qual bem sabem não ter sido, neste caso, nem esperado nem pedido[108].

---

108. Ibid., p. 201.

O processo que culminou no surgimento da justiça, do governo e das várias instituições políticas diz respeito às afecções humanas. Estas determinam interesses morais e políticos e estabelecem as bases das criações humanas e dos meios necessários para a construção da vida em sociedade. Hume, mais uma vez, encontra nas experiências sensoriais que permeiam a nossa condição natural a fonte de constituição do nosso viver e a base sobre a qual são edificadas grandes criações humanas, como a justiça, o governo, o Estado, enfim, a política.

Décima lição
A filosofia da religião

Hume é um vigoroso crítico da religião. Esta postura lhe rendeu muitos dissabores e perseguições. Em 1744, como vimos em nossa primeira lição, ele foi impedido, pelo fato de ter sido acusado de ateísmo e heresia, de assumir a cadeira de Ética na Universidade de Edimburgo. Em seus livros *Diálogos sobre a religião natural* e *História natural da religião*[109], o filósofo condena as práticas religiosas

---

109. Os *Diálogos sobre a religião natural* foram escritos entre os anos de 1751 e 1755, porém somente puderam ser publicados em 1779, três após a sua morte. Já o texto da *História natural da religião* veio a público em 1757. Ao confrontar as ideias contidas em tais textos, verificamos a existência de algumas nuances na abordagem, sobretudo nos *Diálogos*, obra na qual Hume tenta "despistar" algumas de suas posições utilizando-se de artifícios retóricos para fugir da censura religiosa do seu tempo. Ademais, o formato dos *Diálogos* nem sempre deixa claro qual a real intenção filosófica de Hume. No entanto, uma leitura mais atenta do seu conteúdo dirime algumas dúvidas e nos permite afirmar que há uma coincidência de princípios e uma convergência de ideias em relação ao conteúdo presente na *História natural da religião*. Em razão da clareza de suas posições, iremos nos deter no conteúdo expresso em sua *História natural da religião*.

por serem estas incompatíveis com a razão e denuncia a inconsistência da noção de divino.

Apesar de sua incisiva crítica às manifestações religiosas do seu tempo, Hume nasceu numa família devota, de modo que, durante a infância, ele frequentava assiduamente a Igreja de sua cidade natal, seguindo uma orientação fortemente calvinista. Porém, o encontro com o naturalismo e, sobretudo, com o empirismo de sua época fez com que ele trilhasse outro caminho. O ceticismo de Hume tornou-se o combustível de sua descrença em Deus, na religião e no sagrado. O filósofo manifesta ainda o teor iconoclasta de sua crítica às crenças consolidadas em dois ensaios póstumos intitulados *Do suicídio* e *Da imortalidade da alma*, ambos publicados em 1778[110].

Hume, em sua *História natural da religião,* considera que a humanidade, ao longo de sua trajetória

---

110. Há muitas controvérsias sobre o ano de surgimento dos referidos ensaios, pois antes de sua publicação oficial eles foram impressos em 1755, chegando a circular entre alguns leitores. Porém, só foram oficialmente publicados no ano de 1778, dois anos após a morte de Hume. Nos respectivos textos, Hume demonstra como a questão do suicídio envolve elementos de ordem pessoal, não havendo, pois, razões para que se impeça uma morte voluntária, ao passo que, ao tratar da imortalidade da alma, o filósofo indica que não temos motivos para crer numa vida após a morte. Cf. David Hume. *Da imortalidade da alma e outros textos póstumos*, 2006.

histórica, oscila entre o monoteísmo e o politeísmo, porém, diz ele, tais movimentos não são determinados pela racionalidade ou pela força das convicções religiosas, mas tão somente por medos e incertezas[111]. Eis o que anuncia o filósofo:

> Qualquer um dos sentimentos humanos pode nos levar à noção de um poder invisível e inteligente: a esperança, assim como o medo; a gratidão, assim como a aflição. Mas se examinarmos nosso próprio coração, ou se observarmos o que se passa ao nosso redor, descobrimos que os homens ajoelham-se bem mais frequentemente por causa da melancolia do que por causa das paixões agradáveis[112].

Os homens buscam os deuses porque precisam de proteção e segurança, fazendo com que a divindade assuma um papel de esteio psicológico. A ido-

---

111. Para Hume, o politeísmo é a fonte de todas as outras formas de monoteísmo presentes ao longo da história humana. Assim, diz ele: "Parece certo que, de acordo com o progresso natural do pensamento humano, a multidão ignorante deve, num primeiro momento, nutrir uma noção vulgar e familiar dos poderes superiores antes de ampliar sua concepção para aquele ser perfeito que conferiu ordem para todo o plano da natureza" (David Hume. *História natural da religião*, 2005, p. 24).

112. Ibid., p. 39. Sobre outros aspectos da filosofia da religião de Hume, cf. J.C.A. Gaskin. *Hume's Philosophy of Religion*, 1978.

latria também pode recair sobre os intermediários que ligam o fiel a uma instância transcendente e absoluta. Em suma, os homens são também capazes de venerar e de se entregar em suas devoções àqueles que se dizem representantes de um ou de mais deuses: os sacerdotes.

Ainda na referida obra, Hume discorre sobre os fatores sociais e psicológicos que impulsionam o sujeito a abraçar uma religião ou a incorporar uma religiosidade:

> Nossos terrores naturais produzem a noção de uma divindade diabólica e maligna, mas nossa tendência para a adulação nos leva a reconhecer um ser perfeito e divino. E a influência desses princípios opostos varia de acordo com as diferentes situações do entendimento humano[113].

Da mesma forma, o filósofo não deixa de apresentar sua crítica às principais tentativas de se justificar racionalmente as doutrinas cristãs, sobretudo

---

113. David Hume. *História natural da religião*, 2005, p. 108. Hume afirma ainda que "quanto mais monstruosa é a imagem da divindade, mais os homens se tornam seus servidores dóceis e submissos, e quanto mais extravagantes são as provas que ela exige para nos conceder a sua graça, mais necessário se faz que abandonemos nossa razão natural e nos entreguemos à condução e direção espiritual dos sacerdotes" (David Hume. *História natural da religião*, 2005, p. 120-121).

nos séculos XVII e XVIII. Uma parte dos teólogos e filósofos desse período considerava que somente seria possível fundamentar postulados teológicos ou doutrinas religiosas se houvesse um apelo à razão ou à revelação. Esta é, por exemplo, uma posição defendida por John Locke no livro IV de seu *Ensaio sobre o entendimento humano* (1690), para quem seria possível justificar racionalmente a crença em milagres e que Deus, instância criadora do mundo, é também o autor das revelações divinas.

Hume demonstra que os argumentos ontológicos, teológicos e cosmológicos usados para justificar a existência de Deus são lacunares, insuficientes ou incongruentes. Assim, como não há argumentos lógicos convincentes que justifiquem esse propósito, tal crença não passa de uma decisão fortuita, cuja motivação baseia-se numa afirmação infundada. Nessa mesma direção, ele considera que o argumento teleológico da criação do mundo é inconsistente, porque a própria ideia de desígnio divino precisaria ser explicada a partir de algo que lhe antecede.

Um outro tema importante da filosofia da religião de Hume consiste no problema do mal, apresentado no capítulo X dos *Diálogos sobre a religião natural*[114]. Aqui ele tenta provar logicamen-

---

114. Cf. David Hume. *Diálogos sobre a religião natural*, 2005.

te a inexistência de Deus afirmando que, se este é onipotente, onisciente e infinitamente bom, Ele saberia como eliminar ou pelo menos arrefecer o mal e o sofrimento no mundo. Portanto, um ser dotado de bondade não iria querer o sofrimento de nenhuma criatura e seria capaz de eliminar o mal da vida concreta dos indivíduos. Ademais, questiona Hume, como conceber a prática do mal em face da existência de um ser que tudo pode e tudo sabe? Em outras palavras, como aceitar a emergência do mal em um mundo governado por um Deus bom? A tais indagações Hume responde afirmando que não seria possível defender, de maneira logicamente coerente, a existência de uma divina providência em um mundo que se confunde com um vale de lágrimas. Na seção 15 de sua *História natural da religião* ele completa essa ideia demonstrando o erro praticado pela visão maniqueísta do mundo que encontra na religião uma de suas principais disseminadoras:

> O bem e o mal se misturam e se confundem universalmente, da mesma forma que a felicidade e a miséria, a sabedoria e a loucura, a virtude e o vício. Nada é puro nem inteiramente uniforme. Todas as vantagens são acompanhadas de desvantagens [...] E não nos é possível, por meio dos nossos mais quiméricos desejos, formar

a ideia de um estado ou de uma situação perfeitamente desejável[115].

Alguns autores discordam da premissa segundo a qual um ser bom desejaria suprimir as dores e os males do mundo, pois isto eliminaria a existência do livre-arbítrio enquanto prerrogativa humana fundamental. Além disso, os males e sofrimentos são importantes para desencadear atos de compaixão, caridade, solidariedade. Um mundo sem dificuldades seria também um mundo sem heróis, santos, mártires.

Mas Hume continua a defender a ideia de que, se Deus existe, então o mal e o sofrimento que atingem o homem, sua criatura, deveriam inexistir. Como, ademais, ambos existem, significa que aquele que poderia suprimi-lo não existe. Com isso, Hume pretende provar que a existência do mal revela a própria inexistência de Deus. A ideia de um Deus-providência não condiz com os males sofridos pelos homens no mundo. O sofrimento humano seria a prova da inexistência de uma bondade divina, porém é justamente essa situação de dor e indigência que levaria o sujeito a buscar refúgio numa

---

115. David Hume. *História natural da religião*, 2005, p. 124. Acerca dos demais elementos da filosofia da religião de Hume, cf. David O'Connor. *Routledge philosophy guidebook to Hume and religion*, 2001.

religião. Com efeito, o que seria para ele uma prova da inexistência de Deus, aparece também como o principal motivo a conduzir o homem a buscar um refúgio no transcendente. Em face dessa ausência de fundamento lógico para a crença, somente resta a Hume recorrer a uma explicação psicológica para os atos de fé: temos uma inclinação mental a acreditar, pois isso pode nos trazer mais reconforto, paz e segurança. Eis o que ele afirma:

> A crença na vida futura abre perspectivas confortáveis que são arrebatadoras e agradáveis. Mas como esta desaparece rapidamente quando surge o medo que a acompanha e que possui uma influência mais firme e duradoura sobre o espírito humano! [116]

Nessa mesma perspectiva, na seção X de suas *Investigações sobre o entendimento humano*, ele condena a ideia de milagre pelo fato de ela contrariar as leis da natureza. A existência dos milagres conspurcaria a ordem natural dos fatos, por isso a crença em eventos milagrosos violaria aquilo que é, em sua própria essência, inviolável. A natureza goza de uma evidência inelutável, de modo que nenhum testemunho humano seria capaz de solapar seus mecanismos e formas de constituição. Assim,

---

116. David Hume. *História natural da religião*, 2005, p. 126.

> Um milagre é uma violação das leis da natureza; e como uma experiência constante estabeleceu estas leis, a prova contra o milagre, devido à própria natureza do fato, é tão completa como qualquer argumento da natureza que se possa imaginar[117].

O milagre, para ser aceito, precisaria se submeter a testes exaustivos a partir de parâmetros rigorosos e critérios bem precisos. Seria, pois, inverossímil, segundo o filósofo escocês, afirmar, por exemplo, a ressurreição de Jesus, já que não há evidências que isso, de fato, possa ocorrer com os seres humanos. Assim, toda crença na ocorrência de milagres nada mais é do que uma manifestação da irracionalidade.

Milagres podem até ocorrer, o que não é cabível é acreditar que eles ocorram, ou seja, eles podem até ser possíveis; o que eles não podem é ser críveis. O que está em questão não é a possibilidade do fato em si, por mais improvável que seja, mas a insensatez de acreditar que eles podem ter acontecido. Afinal, somente podemos afirmar a existência de milagres negando as leis naturais. E tais leis representam instâncias uniformes de conexões causais observáveis, isto é, elas são a expressão de

---

117. David Hume. *Investigação acerca do entendimento humano,* 1999, p. 114.

uma causa uniforme e constante na produção de um efeito.

O milagre é, nesse caso, um evento que contraria a nossa experiência, pois negligencia o princípio da evidência. Portanto, o ceticismo de Hume rejeita o milagre por este ser algo inverossímil e desconectado das experiências reais dos homens. Assim, acreditar na ressurreição significa negar o que nossa experiência tem mostrado: uma vez mortas e enterradas, assim permanecem as pessoas ao longo do tempo. Para Hume, nenhum testemunho é suficientemente bom a ponto de confirmar a ocorrência de um milagre, de modo que as pessoas que o relatam ou estão enganadas e, portanto, incorrem num juízo falso, ou, o que é pior, tentam deliberadamente nos enganar e, nesse caso, praticam uma mentira[118].

Apesar de o milagre ser impossível por contrariar a experiência e as leis da natureza, a crença popular de que eles são possíveis se afigura natural, pois ela remonta às leis que governam a imaginação. Hume recorre ao determinismo físico para rejeitar a ideia de milagre e aos mecanismos psicológicos da crença para explicar a adesão dos homens aos mesmos. Ele completa essa ideia afirmando que

> os numerosos exemplos de milagres forjados de profecias e de eventos sobrena-

---

118. Ibid., p. 112-113.

turais que, em todas as épocas, têm sido revelados por testemunhas que se opõem ou que se retratam a si mesmos por seus absurdos, são provas suficientes da forte tendência humana para o extraordinário e o maravilhoso que deveriam razoavelmente engendrar suspeitas contra todos os relatos desse gênero[119].

O filósofo apresenta ainda uma vigorosa crítica ao argumento do desígnio a partir das ideias de similitude e analogia. Para o filósofo, somente podemos estabelecer uma relação entre eventos se os mesmos se revelarem à nossa experiência e observação. Apenas quando temos a apreensão da constância e fixidez de suas manifestações é que podemos associar um ao outro. Talvez um exemplo possa bem ilustrar essa ideia. Assim, se somos vítimas de um acidente que nos provocou um ferimento ou mais especificamente um corte com sangramento, percebemos que o sangue circula em nossos vasos e, por inferência habitual, podemos imaginar que isso também acontece em todos os outros seres humanos. Mas somente a partir de uma inferência fraca ou forçada poderíamos sugerir que isso também ocorre no organismo dos outros animais. Todavia, quando nos afastamos da similaridade dos

---

119. Ibid., p. 117.

casos, ficamos também mais sujeitos ao erro e à incerteza, o que coloca em xeque a nossa capacidade de constituir analogias precisas. Ou seja, somente por suposição poderíamos afirmar que o fenômeno humano da circulação sanguínea também ocorre, por exemplo, em rãs e peixes. Se estendermos essa analogia para os vegetais, inferindo que em seu interior há algo como a circulação de uma seiva, então o raciocínio analógico torna-se ainda mais fraco. Disso resulta que a analogia torna-se mais fraca à medida que os objetos comparados forem menos semelhantes.

Para Hume, essa situação também está presente quando imaginamos algo como a criação do universo. Ao olhar uma casa, podemos afirmar que sua construção exigiu o trabalho de um arquiteto ou engenheiro, ou ainda que fora o resultado do esforço de inúmeros trabalhadores da construção civil. Estes representariam a instância causal que ergueu e deu forma àquela habitação. No caso da origem do universo, dificilmente poderíamos estabelecer uma analogia com a construção de uma casa, pois, para tanto, teríamos que provar a existência de um desígnio ou de um projetista cósmico. Hume, com isso, deseja demonstrar a dificuldade em se estabelecer uma semelhança entre os artefatos humanos e o universo. Ora, sabemos que os artefatos têm um desígnio e um criador e que podemos, pela experiência do hábito, remontar às suas causas. Porém, no que concerne ao universo, essa anterioridade não existe, já que não temos a experiência de universos passados. O universo, por ser único, singular, sem paralelo, não pode ser explicado por uma causalidade que lhe antecede, nem, tampouco, pela vontade de uma evidência absoluta que escapa a uma experiência possível.

É certo que podemos, a partir da experiência, conhecer inúmeros fenômenos naturais, mas não somos capazes de retroceder a fatores que antecedem suas causas físicas. Em outras palavras, nossa mente, ao tentar remontar a esses princípios originários, pode operar até um determinado ponto, para além do qual somente a fé pode chegar. Não há como justificar o desígnio por meio de uma explicação teísta, nem mesmo por recorrência a não importa qual outra. Nenhuma razão seria capaz de explicar o surgimento do mundo via argumento do desígnio. Assim, diz ele:

> Nenhum novo fato pode ser inferido a partir da hipótese religiosa; nenhum evento pode ser previsto ou predito; nenhuma recompensa nem nenhum castigo podem ser esperados ou temidos, além do que já se conhece pela prática e pela observação[120].

---

120. Ibid., p. 140.

Hume tenta ainda desconstruir o argumento do desígnio a partir da ideia de desproporção entre causas e efeitos. Assim, se os atributos de uma divindade fossem infinitos, as coisas que ela cria, isto é, os objetos naturais e os entes do universo, também seriam. Ademais, como não se pode atribuir um caráter de perfeição à divindade, é correto supor que suas criações também não o sejam. Deus, por isso, não seria perfeito, nem infinito. E, ainda que o mundo fosse perfeito, não poderíamos atribuir ao seu artífice a responsabilidade pela perfeição da obra. Além do que, assim como acontece com as coisas, o mundo, para chegar a esse estágio de perfeição, deveria ter sido objeto de múltiplas tentativas, enganos, correções, controvérsias, deliberações. Seria, pois, preciso um longo e gradual aperfeiçoamento na arte de construir mundos no decorrer do tempo.

Um mundo defeituoso, imperfeito, não condiz com as ideias de ordem, harmonia, proporção que são comumente atribuídas às divindades. Seria, pois, impossível estabelecer uma semelhança entre o universo e os artefatos, assim como instituir uma relação de correspondência entre a causalidade humana e a divina.

Apesar das controvérsias geradas pela sua crítica à religião, Hume corajosamente manteve sua postura antirreligiosa como um dos pilares do seu ceticismo. Podemos ainda designá-lo como o primeiro pensador moderno a denunciar as imposturas dos religiosos do seu tempo e também a desconstruir os argumentos teológicos que tentavam atrelar a fé à razão. Assim, ele não apenas denuncia a insuficiência dos postulados que explicam as doutrinas cristãs, como demonstra que existem razões para não se acreditar neles. Como não há justificação racional para a crença religiosa, então se trata de um artigo de fé que não precisa de esteio intelectual ou cognitivo para se firmar. Até porque, como denuncia Hume, "a ignorância é a mãe da devoção"[121].

---

121. David Hume. *História natural da religião*, 2005, p. 126.

Considerações finais

Ao longo do nosso breve percurso pudemos mostrar que Hume foi um filósofo empirista quanto ao problema da origem do conhecimento, cético em relação à metafísica e utilitarista em assuntos morais e políticos. Mas Hume parece ter sido bem mais do que sugerem as designações tradicionais que tentam enquadrá-lo em correntes ou esquemas definitivos de pensamento. Na verdade, o filósofo oferece uma nova perspectiva teórica para se pensar o homem no intervalo da dor e do prazer que marcam o seu desamparo existencial. Agora, destituído da proteção ilusória da razão e livre do alcance de uma evidência absoluta, ele, diz Hume, precisa olhar nos olhos de sua própria natureza.

A filosofia de David Hume, cujos principais temas foram aqui expostos, fortalece aquilo que se poderia chamar de pespectiva contra-hegemônica na história das ideias. Isto porque suas formulações não apenas abalaram os pressupostos de uma tradição ciosa de suas conquistas intelectuais, como abriram as portas para uma reviravolta na maneira de se entender a natureza humana.

Ao contribuir para desalojar a razão de sua cidadela, Hume abre um novo horizonte de compreensão da nossa condição de seres de pensamento e ação: as sensações determinam a origem e os contornos do humano. O filósofo ajuda assim a elucidar o papel das experiências sensoriais na constituição dos estados mentais do sujeito e, em particular, de seus processos cognitivos. Mais ainda, ele nos diz que a moral é um atributo das paixões e das impressões originárias que as animam. Esta postura, que segue, como vimos, a tendência de alguns moralistas britânicos do seu tempo (Shaftesbury, Hutcheson, Adam Smith), ajuda a eliminar o preconceito logocêntrico que frequentemente concebia as paixões como estados afetivos que perturbavam a cognição ou a atividade racional do sujeito. Além do que, a conduta emocional se oporia, assim, ao comportamento voluntário e consciente, aquele guiado pela decisão do agente. Com isso, tais experiências sensoriais eram comumente associadas a um evento inesperado, a um choque capaz de provocar uma reação intempestiva, quase sempre incontrolável. Ademais, não foram poucas as tentativas de associar a emoção à irracionalidade ou à simples manifestação de impulsos corporais. O fundamento dessa concepção baseava-se na velha e tradicional dicotomia emoção-razão. Hume supera essa clivagem ao fazer repousar sobre as sensações o comportamento moral do sujeito. De sua filosofia emerge um subjetivismo de índole antirrealista e um naturalismo que servirá posteriormente de esteio a uma guinada no nosso modo de entender a moralidade do sujeito.

Com argúcia intelectual, Hume nos mostra que, subjacente a toda conduta moral, podemos encontrar um princípio associando virtudes e sentimentos. Esse tipo de relação indica que as sensações se conjugam com as representações mentais para orientar o nosso comportamento. Com isso, Hume leva às últimas consequências aquilo que já havia anunciado Helvetius (1715-1771): "as paixões são no campo da moral o que o movimento é no campo físico"[122].

A partir de Hume tornou-se menos herético, do ponto de vista filosófico, defender a existência de uma interação entre razão prática e emotividade como instâncias determinantes do comportamento moral. Neste sentido, pode-se falar na existência de uma emoção criadora do agir moral. Com isso, foi possível até mesmo sugerir, parafraseando Kant, o grande detrator das paixões, que *uma moral guiada apenas pela emoção pode se revelar cega, porém uma moral destituída de emoção será sempre vazia*. Hume, poder-se-ia dizer, despertou não apenas Kant, mas também toda uma tradição do seu sono dogmático.

---

122. Claude Adrien Helvetius. *De l'esprit*, III, 4, 1988.

De fato, Hume antecipa, por meio da especulação filosófica, algumas descobertas importantes oriundas das ciências cognitivas contemporâneas. Um exemplo desse achado encontra-se na obra *O erro de Descartes: emoção, razão e o cérebro humano*, do neurofisiologista António Damásio[123], no qual o autor defende a tese de que as emoções contribuem para as nossas decisões racionais, bem como para a formação de nossos juízos e decisões morais.

O postulado humeano apresenta-se ainda como um dos pressupostos teóricos do emotivismo contemporâneo, cujos principais expoentes, Alfred Ayer (1910-1989) e Charles Stevenson (1908-1979)[124], elaboraram as bases de uma filosofia metaética cuja tese fundamental consiste em afirmar que o juízo moral exprime uma atitude, uma disposição do sujeito. A conduta do indivíduo traduz a expressão emotiva

---

123. Em sua obra *O erro de Descartes: emoção, razão e o cérebro humano*, António Damásio demonstra a estrita interdependência entre razão e emoção. Embora valorize uma abordagem evolutiva e, portanto, defenda a verossimilhança entre o homem e os demais animais, ele sublinha que há algumas emoções que guardam algo de especificamente humano. Estas, segundo o autor, estão ligadas a ideias, valores, princípios e juízos forjados pela humanidade ao longo do processo civilizatório. Cf. Damásio (2001, 1999).

124. Cf. Alfred Ayer. *Langage, vérité et logique*, 1956, e Charles Stevenson. *Ethics and Language*, 1962.

do seu julgamento. As palavras que empregamos em nosso discurso moral não refletem uma experiência cognitiva ou intelectual, mas uma reação proveniente de uma estimulação sensorial de caráter emocional. O emotivismo considera os julgamentos morais como expressões das emoções do agente. O ato de valorar exige, pois, o concurso de um estado emocional. Assim, tal como já havia proposto Hume, a natureza do sentimento humano se configura como a única garantia da existência dos valores.

Hume também legou à contemporaneidade um dos seus mais efervescentes e desafiadores problemas: a clivagem entre ser e dever-ser, chamada por muitos de "lei de Hume". Para ele, os filósofos cometem um erro lógico ao inferir uma conclusão valorativa a partir de premissas fatuais, ou seja, ao deduzir como as coisas "devem ser" a partir de como elas de fato "são". Embora não a tenha inventado, ele expõe a questão em sua radicalidade, dando início a uma série de debates e controvérsias que se prolongam até os dias de hoje. Suas influências não somente se fazem presentes nos temas que permeiam a filosofia analítica, mas também são notórias no âmbito da filosofia da mente que discute os problemas postos pelo seu naturalismo acerca da relação entre as ações de material corporal e os eventos mentais. Eis alguns dos elementos que nos permitem atestar a atualidade da filosofia de David Hume.

Referências

ARDAL, P. *Passion and Value in Hume's Treatise*. Edimburgo: Edinburgh University Press, 1966.

AYER, A.J. *Hume*. Lisboa: Dom Quixote, 1981 [Trad. de Maria Luísa Pinheiro].

_____. *The Foundations of Empirical Knowledge*. Londres: MacMillan, 1964.

_____. *Langage, vérité et logique*. Paris: Flammarion, 1956.

BAERTSCHI, B. "Sens moral et conscience morale". In: CANTO-SPERBER (org.). *La philosophie morale britannique*. Paris: PUF, 1996.

BIZIOU, M. *Shaftesbury – Le sens moral*. Paris: PUF, 2005.

BLACKBURN, S. *Ruling Passions*. Oxford: Oxford University Press, 1998.

CANTO-SPERBER, M. *Dictionnaire d'Éthique et de Philosophie Morale*. Paris: PUF, 1996.

DELEUZE, G. *Empirismo e subjetividade* – Ensaio sobre a natureza humana segundo Hume. São Paulo: Ed. 34, 2001 [Trad. de Luiz B.L. Orlandi].

EDMONDS, D. & EIDINOW, J. *O cachorro de Rousseau* – Como o afeto de um cão foi o que restou da briga entre Rousseau e David Hume. Rio de Janeiro: Nova Fronteira, 2008 [Trad. de Pedro Sette Câmara].

FLEW, A. *David Hume*: Philosopher of Moral Science. Oxford: Basil Blackwell, 1986.

_____. *Hume's Philosophy of Belief*. Londres: Routledge and Kegan Paul, 1961.

GARRETT, D. *Cognition and Commitment in Hume's Philosophy*. Nova York/Oxford: Oxford University Press, 1996.

GASKIN, J.C.A. *Hume's Philosophy of Religion*. Nova York: Barnes & Noble, 1978.

HARMAN, G. *The Nature of Moralité* – An Introduction to Ethics. Nova York: Oxford University Press, 1977.

HELVETIUS, C. *De l'esprit*. Paris: Fayard, 1988.

HUME, D. *Da imortalidade da alma e outros textos póstumos*. Ijuí: Unijuí, 2006 [Trad. de Jaimir Conte, Davi de Souza e Daniel S. Murialdo].

_____. *História natural da religião*. [s.l.]: [s.e.], 2005 [Trad., apresentação e notas de Jaimir Conte].

_____. *Diálogos sobre a religião natural*. Lisboa: Ed. 70, 2005 [Trad. de Álvaro Nunes].

_____ *Tratado da natureza humana*. 2. ed. São Paulo: Unesp, 2001 [Trad. de Déborah Danowski].

_____. *Ensaios morais, políticos e literários*. São Paulo: Nova Cultural, 1999 [Trad. de João Paulo G. Moreira e Armando Mora D'Oliveira].

_____. *Investigação acerca do entendimento humano*. São Paulo: Nova Cultural, 1999 [Trad. de Anoar Aiex].

_____. *De los prejuicios morales y otros* ensayos. Madri: Tecnos, 1998.

_____. *Resumo do tratado da natureza humana*. Porto Alegre: Paraula, 1995 [Trad. de Raquel Gutiérrez e José Sotero Caio].

_____. *Uma investigação sobre os princípios da moral*. Campinas: Unicamp, 1995 [Trad. de José Oscar de Almeida Marques].

_____. *A Treatise of Human Nature*. Oxford: Oxford University Press, 1967.

HUTCHESON, F. *Recherche sur l'origine de nos idées de la beauté et de la vertu*. Paris: Vrin, 1991.

KANT, I. *Prolegômenos a toda metafísica futura que queira se apresentar como ciência.* Lisboa: Ed. 70, [s.d.] [Coleção Textos Filosóficos – Trad. de Artur Morão].

KENNY, A. *Action, Emotion and Will*. Londres: Routledge & Kegan Paul, 1963.

MACKIE, J. *Hume's Moral Theory*. Londres: Routledge & Kegan Paul, 1980.

MALHERBE, M. *La philosophie empiriste de David Hume*. Paris: PUF, 1984.

MAYER, M. *Le philosophe et les passions*. Paris: Biblio Essais, 1991.

MICHAUD, Y. *Hume et la fin de la philosophie*. Paris: PUF, 1983.

MONTEIRO, J.P. *Hume e a epistemologia*. São Paulo: Unesp, 2009.

_____. *Teoria, retórica, ideologia*. São Paulo: Ática, 1975.

MOSSNER, E.C. *The Life of David Hume*. Oxford: Oxford University Press, 1980.

NORTON, D.F. *David Hume*: Commonsense Moralist, Skeptical Metaphysician. Nova Jersey: Princeton University Press, 1978.

O'CONNOR, D. *Routledge Philosophy Guidebook to Hume and Religion*. Londres: Routledge, 2001.

PASSMORE, J.A. *Hume's Intentions*. Cambridge: Cambridge University Press, 1952.

POPKIN, R.H. "Sources of Knowledge of Sextus Empiricus in Hume's Time". *Journal of the History of Ideas*, vol. 54, n. 1, jan., 1993, p. 137-141.

PORTO, L.S. *Hume*, Rio de Janeiro: Zahar, 2006.

QUINTON, A. *Hume*. São Paulo: Unesp, 1999 [Trad. de José Oscar de A. Marques].

REEVE, J. *Understanding Motivation and Emotion*. Hoboken, N.J.: Wiley Textbooks, 2004.

RUSSELL, B. *História da Filosofia Ocidental*. Livro III. São Paulo: Nacional, 1969 [Trad. de Bueno Silveira].

SHAFTESBURY. "An Inquiry Concerning Virtue and Merit" In: ROBERTSON, J.M. (org.). *Characteristics of Men, Manners, Opinions, Times.* Indianápolis: The Bobbs-Merrill Company, 1964.

SMITH, A. *The Theory of Moral Sentiments*. Cambridge: Cambridge University Press, 2002.

SMITH, N. & GARRETT, D. *The Philosophy of David Hume*. Londres: MacMillan, 2005.

SIDGWICK, H. *The Metods of Ethics*. Indianápolis: Hackett Publishing Company, 1981.

SÓFOCLES. *Édipo rei*. Rio de Janeiro: Difel, 2001 [Trad. de Domingos Paschoal Cegalla].

SOLOMON, R. "The Philosophy of Emotions". In: LEWIS, M. & HAVILAND, J. (orgs.). *Handbook of Emotions*. Nova York: The Guilford Press, 1993, p. 3-15.

_____. *The Passions*. Nova York: Doubleday, 1976.

STEVENSON, C. *Ethics and Language*. New Haven: Yale University Press, 1962.

STEWART, J. *The Moral and Political Philosophy of David Hume*, Nova York: Columbia University Press, 1963.

STROUD, B. *The Significance of Philosophical Scepticism*. Oxford: Clarendon Press, 1984.

_____. *Hume*, Londres: Routledge, 1977.

TRUYOL Y SERRA, A. *História da Filosofia do Direito do Estado*. Lisboa: Instituto de Novas Profissões, 1990 [Trad. de Henrique B. Ruas].

URMSON, J. *The Emotive Theory of Ethics*. Londres: Hutchison University, 1968.

VANDENBERG, P. *Nero: imperador e deus, artista e bufão*. São Paulo: Círculo do Livro, 1988.

VERGEZ, A. *David Hume*. Lisboa: Ed. 70, 1984 [Trad. de Maria Manuela R. Barreto].